曹薰铉、李昌镐精讲围棋系列

接触战

精讲围棋对局技巧

曹薰铉围棋研究室 —— 编著

化学工业出版社
·北京·

U0319607

图书在版编目（CIP）数据

精讲围棋对局技巧．接触战／曹薰铉围棋研究室编著．
—北京：化学工业出版社，2020.3
（曹薰铉、李昌镐精讲围棋系列）
ISBN 978-7-122-36093-9

Ⅰ．①精… Ⅱ．①曹… Ⅲ．①围棋－对局（棋类运动）
Ⅳ．①G891.3

中国版本图书馆CIP数据核字（2020）第020810号

责任编辑：史　懿　杨松淼　　　　　　　　装帧设计：刘丽华
责任校对：刘曦阳

出版发行：化学工业出版社（北京市东城区青年湖南街13号　邮政编码100011）
印　　装：大厂聚鑫印刷有限责任公司
710mm×1000mm　1/16　印张14　字数200千字　2020年9月北京第1版第1次印刷

购书咨询：010-64518888　　　　　　　售后服务：010-64518899
网　　址：http://www.cip.com.cn
凡购买本书，如有缺损质量问题，本社销售中心负责调换。

定　　价：59.80元　　　　　　　　　　　　版权所有　违者必究

序

　　从围棋发源至今，尽管有很多人下过棋，但全然相同的对局却一盘都没有，由此充分证明了围棋有无穷无尽的变化。

　　而围棋的这一特点，也成为那些急于提高自身棋力者的不利因素。在对局中，碰到自己比较熟悉的棋形时，围棋技巧的使用得心应手，而遇到自己陌生的棋形时，便很难判断出所下着法的好坏，因此越是重要的对局，越选择自己最熟悉的棋形。但只要你还下棋，就肯定会遇到自己不熟悉的棋形。这时，能否下出符合棋理的棋，可以衡量出一个人水平的高低。

　　提高自身棋力非常有效的方法之一，是通过大量实战接触更多的棋形，并将各种技巧融入实战之中。但这一方法不仅会受到时间的限制，而且还因对局者的水平不同而效果不同，因而，集中研究对局中经常出现的基本棋形及其相对应的行棋技巧、手筋更为有效。《精讲围棋对局技巧》中所列棋例，均是从韩国职业棋手或业余高手实战中精选出来的。为了方便读者阅读，作者将这些棋形以问题的形式展现出来，并且从业余棋手的认知出发，对其中的变化进行了详尽的分析。深入学习《精讲围棋对局技巧》，相信能对广大读者提高棋力有所帮助。

青薰铉

2020 年 5 月

前言

围棋是中国的国粹，它能启发智力，开拓思维，是一项非常有益的修身养性的娱乐活动。成人通过学习围棋，可以培养自己良好的心境和大局观；儿童通过学习围棋，可以培养耐心，提高注意力，锻炼独立思考能力，挖掘思维潜能，对课业学习也有十分明显的帮助。

那么如何学习围棋？如何学好围棋？什么样的围棋书才能更有针对性地提升棋艺水平？

韩国棋手曹薰铉、李昌镐不仅是韩国围棋的代表人物，在国际棋界也有举足轻重的地位。我们经与曹薰铉、李昌镐本人直接接洽，使得本系列书得以顺利出版。

本系列书包括定式、布局、棋形、中盘、对局、官子、死活、手筋共8个主题，集曹薰铉、李昌镐成长经验和众多棋手的智慧于一体，使用了韩国职业棋手的大量一手资料，其难度贯穿了围棋入门、提高、实战和入段等各个阶段，内容覆盖了实战围棋各个方面，是非常系统且透彻的围棋自学读物。

《精讲围棋对局技巧》分类讲解了围棋进攻、防守、转换等具体作战过程中的常用下法，着重培养围棋爱好者的学习兴趣和思维方式，重视行棋感觉的培养，注重练习，强调实战。

本书由陈启承担资料翻译、整理工作，由石心平、范孙操负责稿件审校，并得到曹薰铉、李昌镐围棋研究室众多成员的大力协助，在此对他们的辛勤劳动表示诚挚的感谢。

衷心希望广大围棋爱好者能通过学习本书迅速提高棋力，并由此享受围棋带来的快乐。

编著者
2020年3月

目录

第1章

攻与防

一、防守

问题1 ▶▶

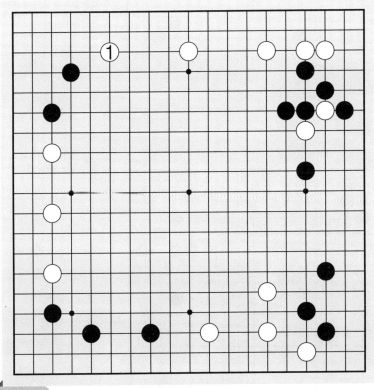

问题 1

黑先。本图是白棋挂的棋形。如果黑棋脱先，白棋立即进角破黑空，使棋无根。因此黑棋防守是当务之急，最有效的防守方法是什么？黑棋不应该拘泥于眼前利益，而应联系周边情况和未来棋局的发展来进行防守。

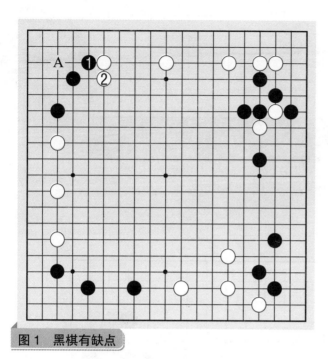

图 1　黑棋有缺点

图 1　黑棋有缺点

黑 1 尖顶阻止白棋的进攻，是一种守角的手段，但被白 2 交换后即成恶手。黑 1 尖顶后，白棋仍有 A 位点角的手段，而且白 2 长会使白棋走厚。如果没有特别的理由，使对方得以加固的棋一般都是恶手。

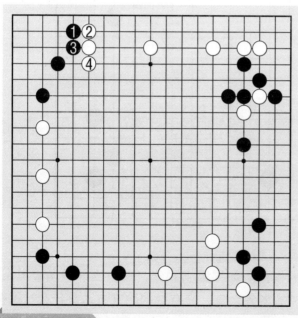

图 2　黑棋无利

图 2　黑棋无利

黑 1 飞，虽位处二线，但却是守角时常用的手法。到黑 3 为止，黑棋在角上已无任何破绽。但是白 4 长形成厚实的大模样，这种结果对黑棋不利，上边已完全成为白棋的势力范围。

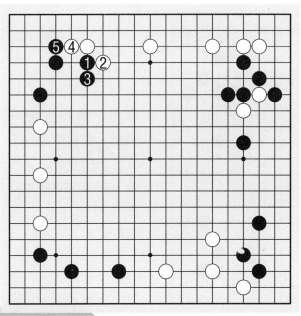

图 3　白棋走厚

黑 1 压是在巩固自身的同时，向中腹发展的手法，但是压对方的棋子，会使对方的棋子得以巩固，此后到黑 5 为止，黑棋虽然守角成功，但也使白棋走厚了。

图 3　白棋走厚

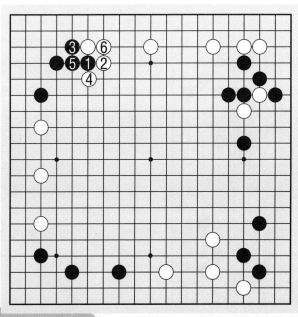

图 4　大同小异

黑 1 压，白 2 扳时，黑棋为了确保角上利益，更多会使用黑 3 虎。白 4 打吃，黑 5 接后，黑棋棋形成斗笠状，但是白棋也须在白 6 补。其结果仍和图 3 一样，使白棋走厚。

图 4　大同小异

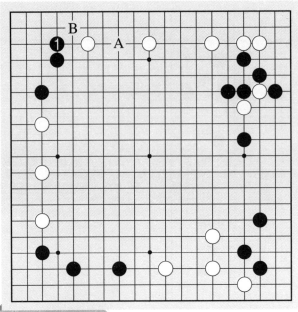

图5 官子上受损

图5 官子上受损

黑1下立，守角是正确的构想。既不使对方走厚，又能守好角，角已完全成为黑空。而且黑棋还有A位打入的手段。不过在收官时，白棋会抢先在B位先手尖，黑棋官子受损。

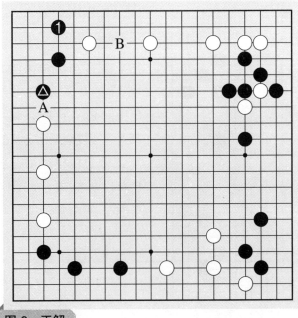

图6 正解

图6 正解

黑1跳与图5相比，是更为有效的防守手段。黑1跳不仅没有使对方棋走厚，而且还留有在B位打入的手段。由于有黑△飞，黑1跳是关键所在。黑△如果大飞在A点，那么可像图5那样，黑棋立即可。

问题 2 ▶▶

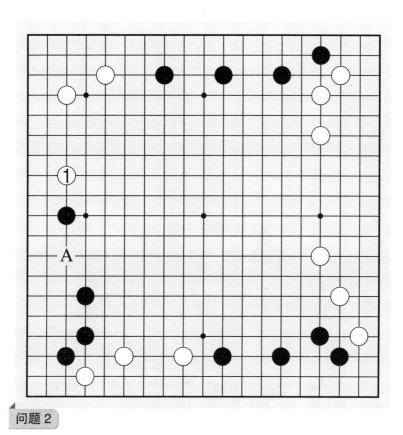

问题 2

黑先。白 1 拆是以角地为后援向外扩张势力。白棋在扩张自身阵营时，还可利用白 1 作为据点，伺机在 A 位打入黑阵。黑棋既要防止白棋的打入，又要扩张自己的势力，因此，下在什么位置最为恰当？

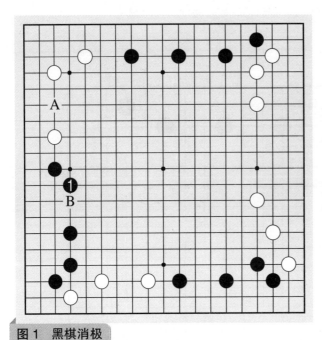

图1 黑棋消极

图1 黑棋消极

黑1尖虽能很坚实地守住黑空，但多少有点消极的味道。黑1的缺陷是向中腹发展的潜力比较小，而且以后无力在A位打入白阵。黑B飞和黑1尖的效果大同小异。

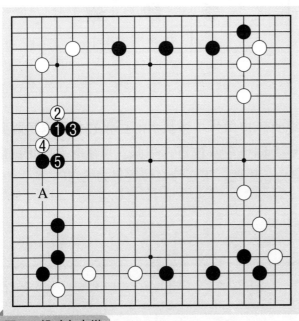

图2 帮对方走棋

图2 帮对方走棋

黑1压是巩固自身的有力手段。白2扳，以下到黑5均是最容易想到的行棋次序。至此黑棋完全巩固，而且已对A位的打入有了防备，但是黑棋使白棋棋形走厚，损失太大，黑棋不满。

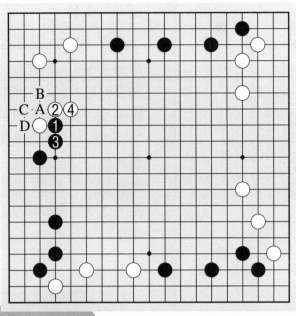

图3 大同小异

图3 大同小异

白2扳，黑3退也是很容易想到的手段。其后白4向中腹长是正确的对局方法。接着黑A至白D，黑棋不行。黑1虽然是补自身弱点的手段，但同时会使对方的棋得以巩固，因而结果对黑棋无益。

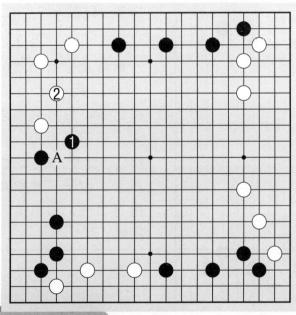

图4 黑棋有断点

图4 黑棋有断点

黑1飞的手段也可考虑，其意图是在寻求向中腹发展的同时，补去自身的弱点。但白2飞，在很坚固地守住白角之后，白棋还有在A位跨断的手段。因而黑1是不完整的防守手段。

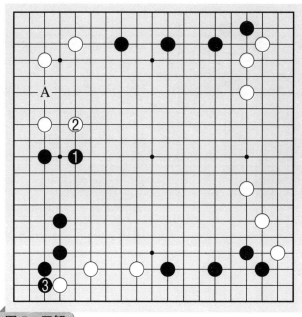

图5　正解

图 5　正解

　　黑1跳是固守自身阵营，向中腹扩张势力的好点。之后黑棋还有在 A 位打入白阵的手段，当然白2跟着跳也同样是白棋棋形的关键。其后黑3挡，左下边就完全被黑棋占据了。

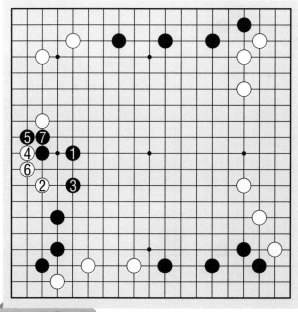

图6　白棋无理

图 6　白棋无理

　　黑1跳，白2打入黑阵是极其无理的下法。黑3阻止白棋出头，白棋必须求活。到黑7为止，白棋仍未活净。即使白棋能活，由于被黑棋欺侮得很苦，白棋非常不好。

问题 3 ▶▶

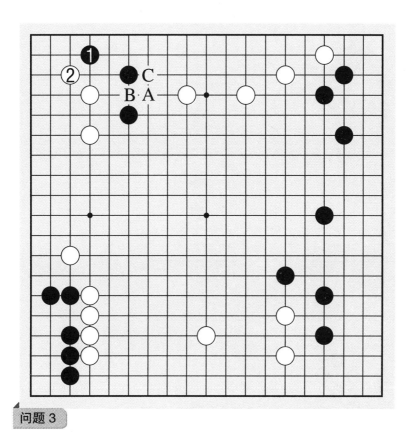

问题 3

黑先。本图是黑1飞，白2应的棋形。黑棋仍然处在无根状态。如白A刺，黑B接，白C立，黑棋将受到严厉的攻击，黑棋不能置之不理。现在黑棋应该决定是向中腹出头，还是自我安定？请考虑一下行棋的方向和具体的下法。

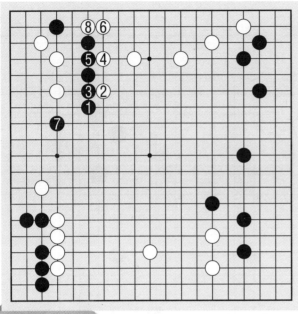

图1 黑棋无根

图1 黑棋无根

黑1跳虽是逃跑的常用手段，但会受到白2、4的猛烈攻击。白6跳，黑7封，至白8，黑棋根地已被破坏，须向中腹游荡。在一般情况下，只有在确保眼位时，才优先向中腹发展。

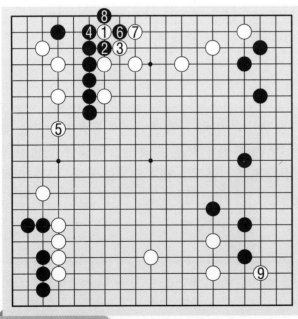

图2 白棋步调快

图2 白棋步调快

白1时，黑2、4是寻求根地的主要手段。白5跳在气势上是当然的手段，接着黑6、8打吃，目的是重视眼位。黑棋如此匆匆做活大龙，当然不好，应该先手处理左边和上边。白9占据守角的要点后，白棋棋形轻灵。

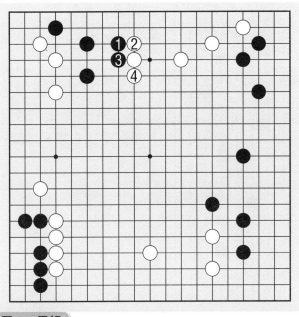

图3 黑损

图3 黑损

黑1拆的目的是想首先安定自己。到黑3时，黑棋在一定程度上已经达到了目的，但被白2、4挡住后，上边已完全成为白空，黑棋受损。

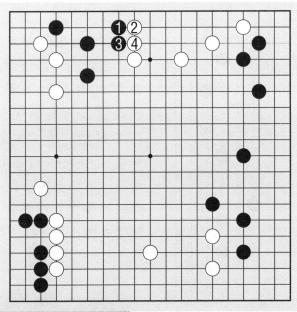

图4 黑棋被压在低位

图4 黑棋被压在低位

黑1飞虽然是尽快使自己获得安定的手段，但被白2挡，会造成与图3相似的结果，对黑棋不利。黑棋应寻求不使对方走厚，又能确保眼位的方法。

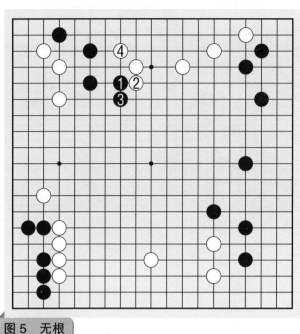

图5　无根

图5　无根

在没办法确保根地的情况下，黑1跳出头，但被白2、4搜根，黑棋棋形仍不安定。上边白棋已经变得很坚固。

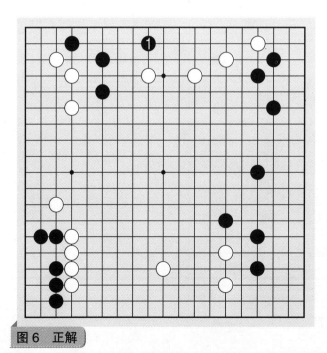

图6　正解

图6　正解

在没有根地的情况下，盲目向中腹逃跑，很难取得好的结果，因此应该首先确保自己的根地。黑1大飞是本图中黑棋的眼形所在。黑棋自身安定，同时也侵入白棋阵营，黑棋成功。

问题 4 ▶▶

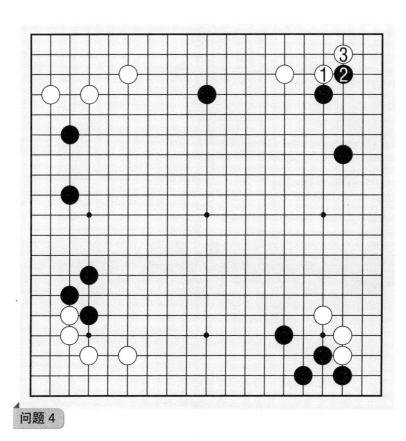

问题 4

黑先。本图是白1托、3扳的棋形。白棋局部形弱无法攻击黑棋，所以白1直接托角。面对白棋连扳，黑棋稍有不慎，就会受损，黑棋应如何应对？

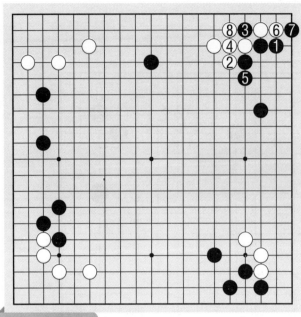

图1 黑棋消极

图1 黑棋消极

黑1立是过于消极的手段。白2虎是针对黑棋消极手段的还击。黑3打吃，白4接，黑5回手长已为时过晚。白6长，黑7扳，白8打，吃住黑棋一子，白棋已成活，而黑棋棋形拥挤。

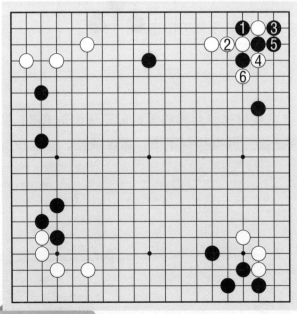

图2 贪小失大

图2 贪小失大

黑1打，其后黑3再打吃白棋一子，是黑棋急功近利的短视行为。到黑5为止，黑棋虽已占据角上实利，但被白4、6控制住一子，结果是黑棋大损，这是典型的贪小失大。

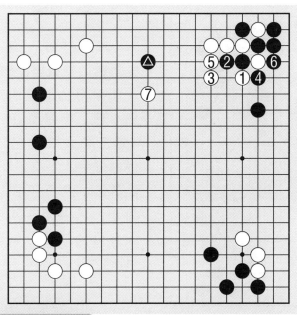

图 3　黑棋贪心

图 3　黑棋贪心

白 1 打时，黑棋若利用征子有利的条件，于 2 位长则贪心。白 3 封是白棋的反攻手段。黑 4 打吃时，白 5 先手打，然后白 7 镇攻击黑▲子。

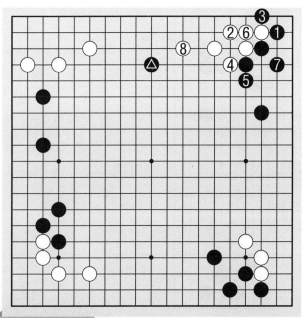

图 4　黑棋后手

图 4　黑棋后手

黑 1 连扳是黑棋采取的强硬手段。但白 2、4 应，黑棋不可避免地在 5 位、7 位后手应，黑棋多少有点不满，白 8 拆，攻击黑▲一子，白棋形势好。白 4 时，黑 5 如改下在 6 位吃子，白棋则下在 5 位，黑棋不好。

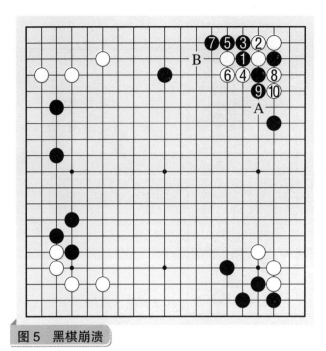

图 5 黑棋崩溃

图 5 黑棋崩溃

黑 1 打吃，黑 3 立是在周围很坚固时，才能采用的最强的对局手段。但是现在白 4 断、白 6 接均是冷静的好手，黑棋不利。黑 7 爬，进行至白 10 为止，黑棋因有 A 位和 B 位的缺陷，黑棋棋形崩溃。

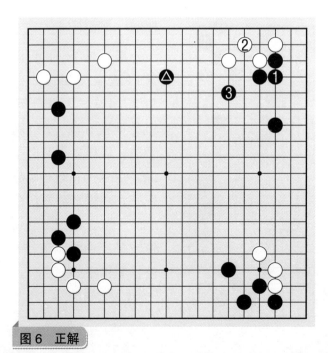

图 6 正解

图 6 正解

本图中黑 1 接是好手。白 2 不得不补棋，黑 3 飞与黑△呼应，形成很厚的棋形，完全可以和白棋的实空对抗。

问题 5 ▶▶

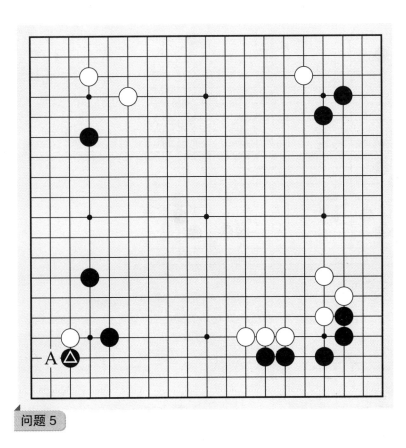

问题 5

白先。黑▲托意在夺白棋的根。这是高目定式中白棋脱先出现的棋形，针对黑▲，白棋一般在 A 位扳。这种情形下到底如何行棋？请考虑将白棋走轻的手段。

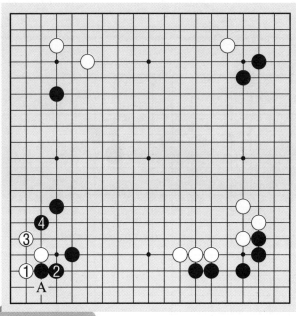

图1　不负责任

图1　不负责任

白1扳是本图中不负责任的手段，黑2退，白3虎，黑4尖是好点，白棋只能在A位后手求活。

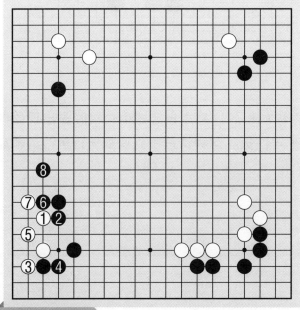

图2　生不如死

图2　生不如死

白1跳，黑2压，此后白3、5想尽快获取安定，但黑4、6、8形成了铁壁般的外势。白棋生不如死。

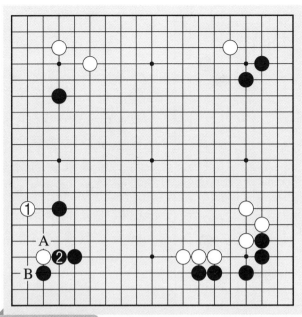

図3 白棋失算

图 3 白棋失算

白1大飞意在构成眼形，但被黑2顶后，白棋失算。其后白A长，黑B立，白棋棋形薄弱。

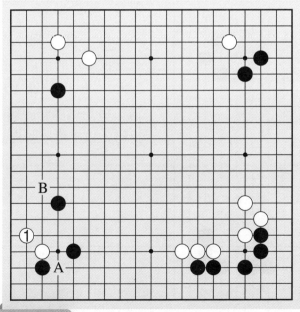

图4 正解

图 4 正解

本图中白1尖是正解。白1尖是具有弹性的对局手段。其后白棋在A位扳有打吃黑棋的手段，在B位飞是出头的手段。

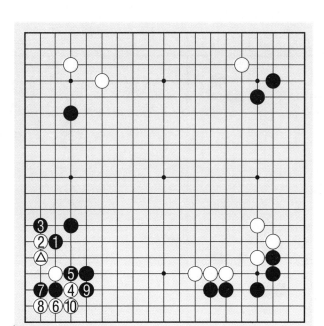

图5 角上的安定

图5 角上的安定

针对白△，黑1是重视左边和中腹的手段，白2和黑3交换后，白4扳、6打吃黑棋一子，就能获取实利，而黑棋获得外势也无不满。这里本来是白棋脱先的棋形，白棋如能取得这样的战果，值得一下。

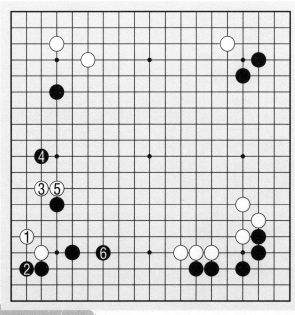

图6 轻易出头

图6 轻易出头

白1尖，黑2立是重视实空的手段。白3大飞出头，黑4拆逼，白5可以长。黑6拆时，白棋可以脱先。

二、攻击

问题 1 ▶▶

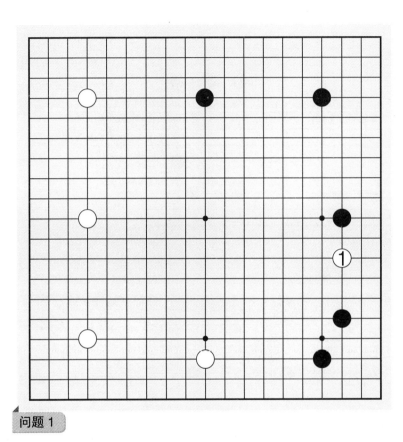

问题 1

黑先。本图是白1打入右边黑棋的图形。布局阶段，在仍有很多大场时就打入对方大阵，是围棋新手容易犯的错误。但是及时应对白棋的无理手也不是件容易的事，黑棋恰当的应对方法是什么？

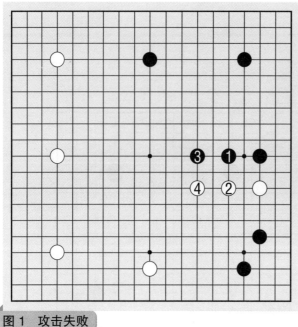

图1 攻击失败

图1 攻击失败

黑1跳是扩张右上部黑棋势力的好手，但是白2、4逃，黑棋不再可能攻击白棋，黑棋多少有些不满。黑棋应采用更为猛烈的攻击手段，来掌握局面的主动权。

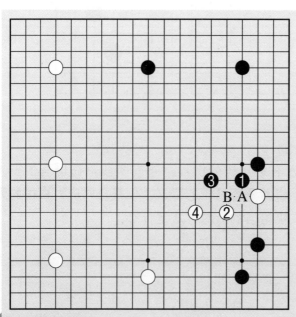

图2 大同小异

图2 大同小异

黑1尖，希望白A位长后，黑B扳，意图虽好，但是白2飞、4跳，黑棋不能如愿。结果和图1大同小异，在速度上黑棋还落后白棋一步。

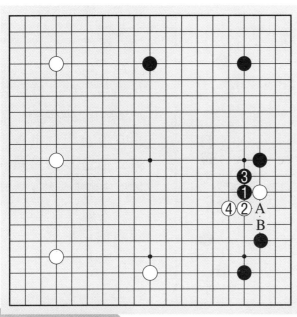

图3 操之过急的压

图3 操之过急的压

黑1压意在攻击白棋一子，白2扳后，白4再长是好手，黑棋达不到攻击的效果。黑A断虽然可以吃住白棋一子，但被白B反打，又一无所获。一般情况下，利用压来攻击，效果不好。

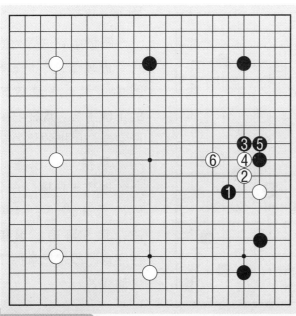

图4 中腹出头

图4 中腹出头

黑1镇是进攻时常采用的手段。但是白2、4争得先手后，白6向中腹跳，黑棋就再也追不上白棋了。黑棋无功而返。

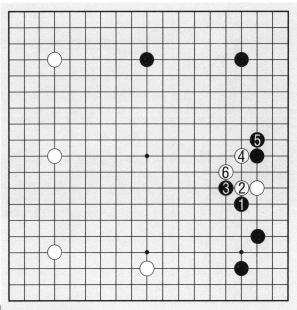

图5 黑棋难受

图5 黑棋难受

新手总认为黑1尖冲、3扳就能轻易吃住白棋一子。但白2、4都是化解的要点，到白6为止，白棋棋形好，而进攻的黑棋只能以失败而告终。在自己强大的势力范围内，让白棋活出这么一块棋，黑棋难受。

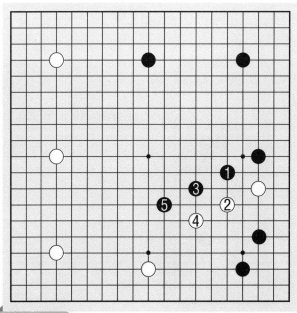

图6 正解

图6 正解

围棋中有这样的格言"进攻要飞"。在本图中，黑1飞是攻击的正确手法。现在右上已完全是黑棋的势力范围，黑棋也可以随心所欲地攻击白棋。白2逃，黑3追，白4再逃，黑5再追。黑棋在序盘阶段就已掌握了主动权。

问题 2 ▶▶

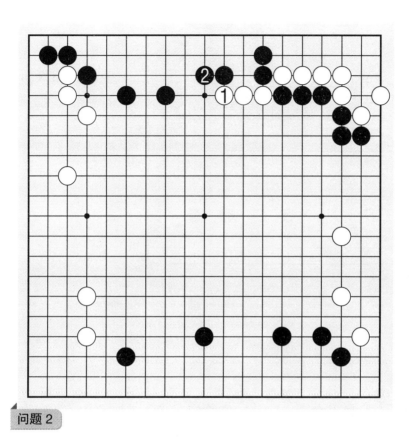

问题 2

白先。本图是白 1 长与黑 2 长交换的棋形。目前双方交战，形势虽然很乱，但白棋如先手占据进攻要点，应能占有优势。进攻是最好的防守，白棋进攻右边黑棋的要点在什么地方？

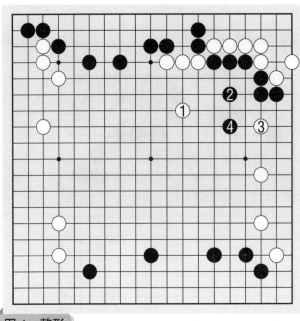

图 1　整形

图 1　整形

白 1 大跳是安定自身的手段，黑 2、4 连跳，同样是整形的手段。白 3 拆，威胁黑棋根据地，但是黑 4 跳出后，反而使白棋面临被分割和攻击的危险。

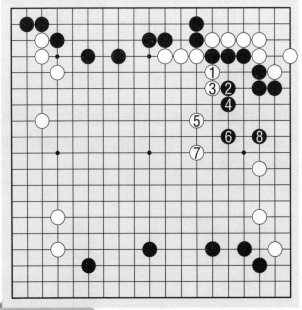

图 2　白棋失算

图 2　白棋失算

白 1 扳虽是破黑空的攻击手段，但黑 2 跳，具备活形后，白棋再攻击黑棋已经不可能。其后白 3 至白 7，白棋虽然力图进攻，但黑 8 拆，黑棋已活，而且成空，白棋失算。

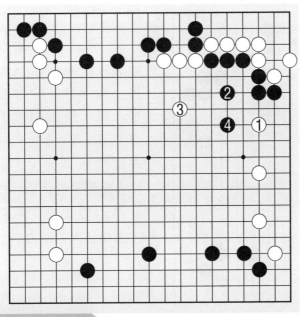

图3 攻击失败

图3 攻击失败

白1跳，防备黑棋拆，但黑2仍是防守的要点。其后白3跳，攻击黑棋，黑4跳出。棋形又还原成图1，白棋左右两侧反而形成弱形。

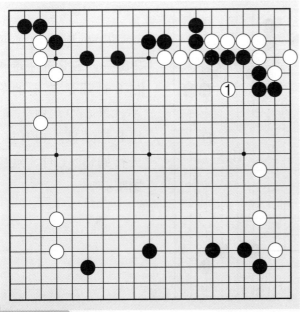

图4 正解

图4 正解

白1点方是进攻的要点。白1是三子的中央，又是攻守的要点。只凭这一手，白棋就一举占据优势，可以大胆地发起进攻。

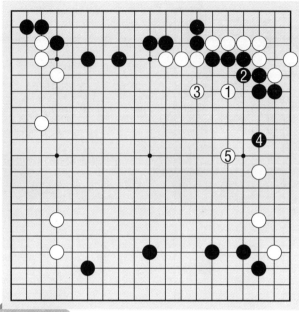

图5 白好

图5 白好

白1点方，迫使黑2接，黑棋走成愚形。白3跳，冷静整形。黑4拆二匆忙寻求安定。白5飞，攻击黑棋整条大龙，白棋占压倒性的优势。由此可以看出白1可以发挥相当大的威力。

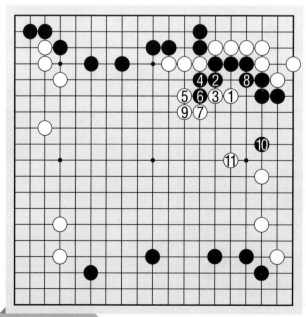

图6 黑棋困难

图6 黑棋困难

白1点方时，黑2出头，白3先手退再白5封都是攻击的好手。黑6冲，白7挡，黑8还须接。白9接，进行到白11时，黑棋困难。

问题 3 ▶▶

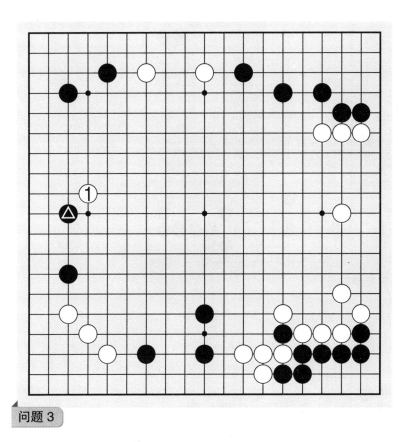

问题 3

黑先。针对三线上黑▲，白1尖冲是消对方势力的常用手段，尖冲和靠具有同样的性质。黑棋应该以什么形式来应对？

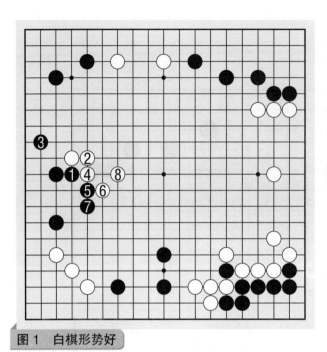

图1　白棋形势好

图1　白棋形势好

白棋尖冲时，黑棋不论向哪一方向长都是基本对局方法。黑1长后，黑3飞是破对方根地，为自己获取实利常用的方法。但是，进行到白8时，左边白棋与右边白棋形成理想的呼应，白棋形势好。

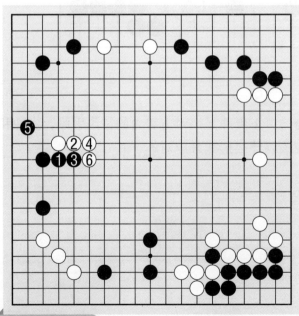

图2　大同小异

图2　大同小异

黑1、3长，白2、4首先出头是正确的对局方法。黑5取实地，白6拐整形。这种棋形仍然是左边白棋和右边白棋形成照应，白棋有利。

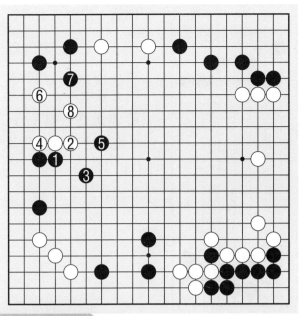

图 3 白棋活形

黑棋对来犯的白棋的进攻，自然应消减右边白棋的外势。黑1长，黑3飞，是攻击白棋的手段，但是白4挡，到白8为止，白棋已成活形。

图 3 白棋活形

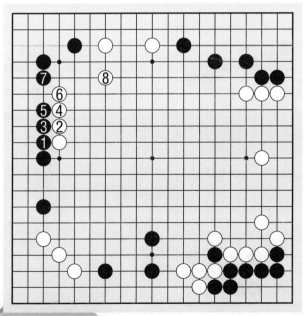

图 4 白棋有利

黑1沿着三线长，对此白2长是基本方法。其后黑3到黑7，都是黑棋取实地的手段，但是白8大飞，白棋连接，形成强大外势，结果是白棋有利。

图 4 白棋有利

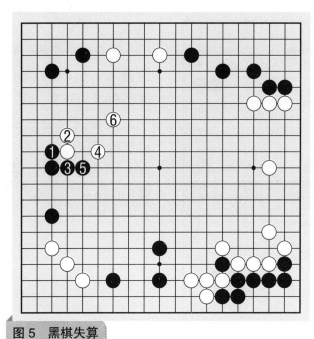

图5 黑棋失算

图5 黑棋失算

黑1长与白2交换，是有关白棋根地的必要次序，但是黑3动作太缓，落后于白4跳的速度。其后黑5（长），白6飞，黑棋攻击失败。

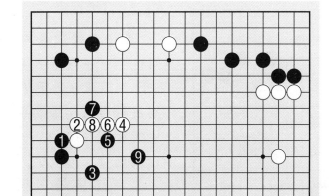

图6 正解

图6 正解

黑1、白2交换后，黑3是正确的对局方法。白4大跳，黑5、7先手猛烈攻击白棋。其后黑9飞攻白棋，右边白棋外势自然被消减。

问题 4 ▶▶

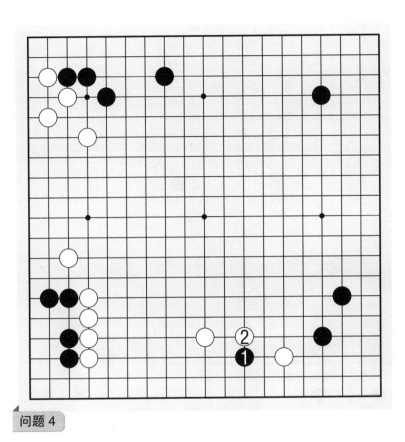

问题 4

　　黑先。本图是黑１打入，白２压的棋形。这种棋形经常在实战中出现，黑棋以什么方法来处理？黑棋应寻求最有效的求生方法。

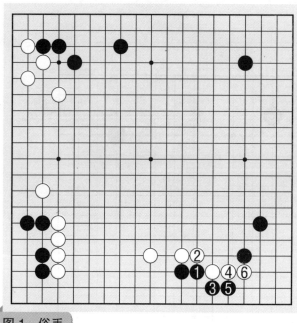

图1　俗手

图1　俗手

图1　俗手

黑1自寻扳头后，黑3扳求活是典型的俗手。行至黑5，黑棋是否成活，尚不能确定。白6长后，黑棋在角上损失太大，很难接受这种结果。以损害自身实空而求活的手段一般都不好。

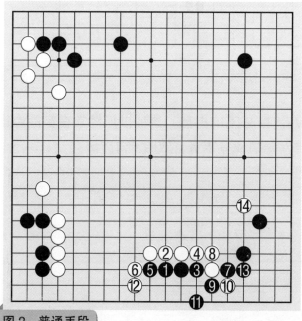

图2　普通手段

图2　普通手段

黑1长寻求生存空间是最普通的手段。白2接直至黑7，黑棋冲破白棋。但白8以下到白12先手利用后，白14尖冲，全局来说仍是白棋外势很强的局面。

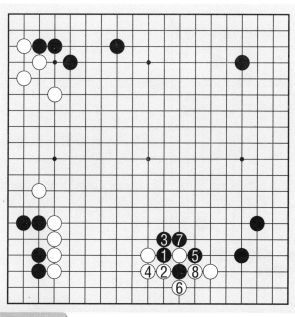

图3　正解

图3　正解

黑1挖问对方的应手，是这种情形下恰当的对局手法。白2打吃，由于白棋征子不利，白棋无理。黑3长，白4连接，黑5征吃成立。至白8，白棋被黑棋提掉一子，而且自己从二线上渡过，大损。

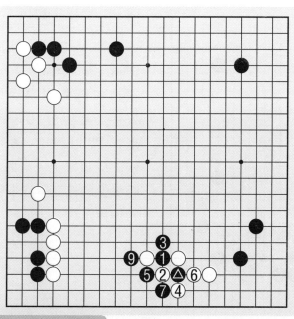

图4　机敏的手段　⑧＝△

图4　机敏的手段

黑1挖，白2打，黑3长，白4打，其后黑5到黑9征吃白棋一子。黑棋在征吃白棋一子之前，黑7先手打一下是很机敏的手段，白8只好接，黑9征吃白棋一子。

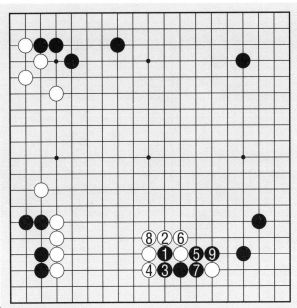

图5 黑棋实空大

图5 黑棋实空大

黑1挖时，白棋由于考虑到征子对自己不利，只好白2打。黑3接，白4挡。黑5、7分断白棋很重要。白8补断，黑9压制白棋一子。与白棋获得外势相比，黑棋获得了很大的实空，这正是黑1挖所发挥的作用。

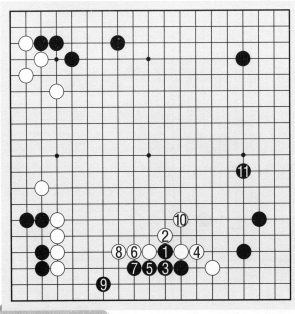

图6 黑棋步调快

图6 黑棋步调快

黑1、3挖接时，白4长，黑5、7、9在白棋阵营中求活是好手。其后白10补断点，黑11飞步调很快。应该牢记：与黑1相类似的挖在实战中经常使用。

问题 5 ▶▶

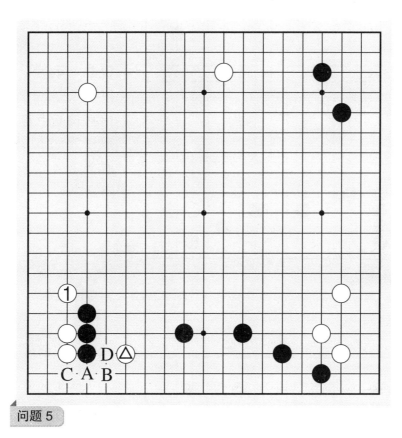

问题 5

黑先。本图是白 1 跳出的棋形。一般情况下，白 A 至黑 D 交换后，白 1 跳是正确的手法。由于这里没有交换，白棋有弱点。黑棋如何利用白棋的弱点而一举占据优势？

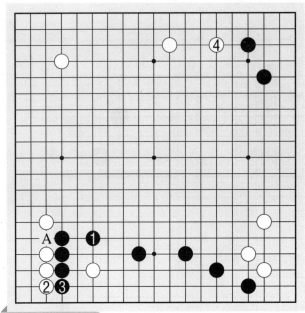

图1 解除断点

图1 解除断点

黑1镇攻击白棋一子，是操之过急的手段。白2下立是机敏先手利用，迫使黑棋也立。白2立使白棋A位断点自然解除。黑棋错过机会，白棋脱先在4位拆，黑棋不满。

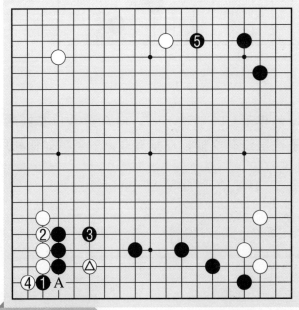

图2 利用价值

图2 利用价值

黑1扳，白2接是沉着冷静的补棋手段。黑3封盖，白4扳是正确的次序。其后黑棋脱先，在5位拆，将来白A断不仅是先手，而且还有利用A位断点，出动白⊙的余味。

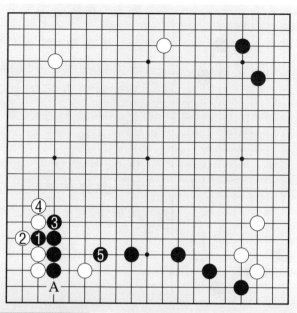

图 3　机会错过

图 3　机会错过

黑 1 冲，白 2 挡，黑 3 挺头，虽然是意图扩张下边，但明显是看错白棋的大恶手。黑 5 封锁白棋一子后，白棋在 A 位扳接，黑棋收获不大。

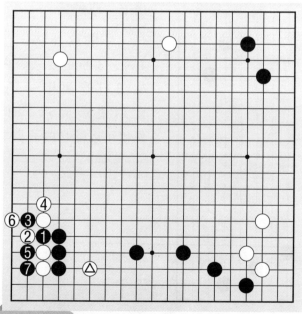

图 4　正解

图 4　正解

黑 1 冲，白 2 挡时，黑棋不论在哪一侧断都是好棋。黑 3 断，遵循"要想吃对方先断对方"的格言，可以取得角上实空。白 4 打吃，以下到黑 7 为止，白△已成为恶手，黑棋有利。

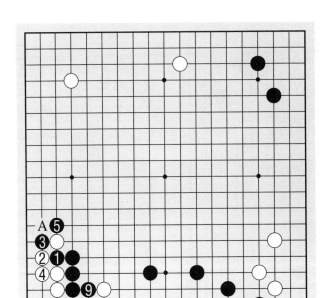

图 5　白棋受损

图 5　白棋受损

黑 3 断时，白不在 A 位吃而在 4 位接，不让对方取得角上实空，不是好手。黑 5 打吃白棋一子时，白棋 6、8 扳接才能成活，这样使黑棋外势更加强大。

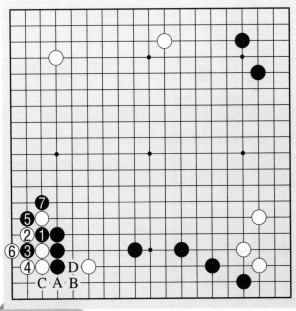

图 6　取外势

图 6　取外势

黑棋取外势，黑 1 冲、3 断是要领。白 4、6 打吃黑棋一子，此后进展到黑 7 时，黑棋可以征吃白子。

问题6 ▶▶

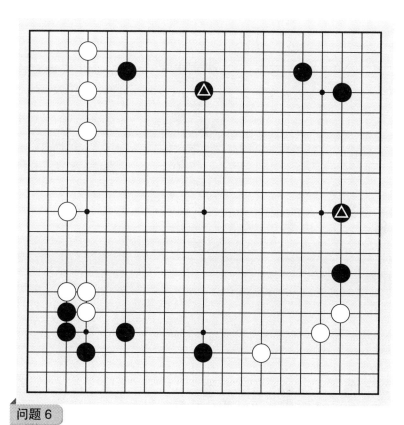

问题6

白先。右上角黑棋已形成大模样。白棋由于获取了左边和右下角很坚实的实空，如能适当地消减右上角黑棋的外势，白棋就具备和黑棋抗衡的能力。黑棋以缔角为后援，黑▲双向拆边，白棋侵消的要点在哪里？

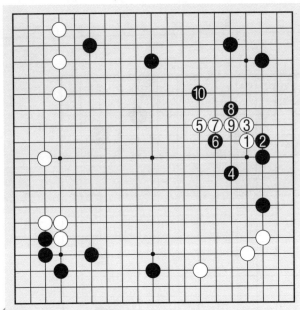

图1 白棋侵消失败

图1 白棋侵消失败

对处于三线的黑棋，白1尖冲一般情况下都是侵消的要领。至白5，白棋在一定程度上具备了规模，但到黑10，黑棋在攻击白棋的同时，使上边黑棋大为巩固，白棋侵消失败。

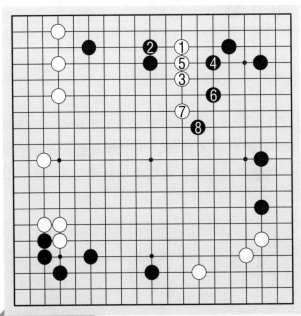

图2 黑棋优势

图2 黑棋优势

白1打入，黑2下立，破白棋的根地是冷静的对局手法。白3跳，到黑8为止，黑棋在猛烈攻击白棋的同时，一举确立了优势地位。在深入对方阵营侵消对方时，应首先考虑下一步棋。

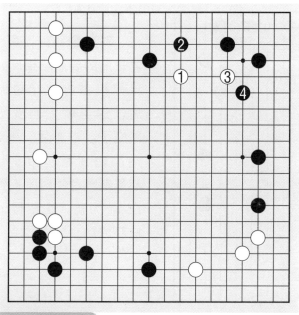

图 3　黑实空大

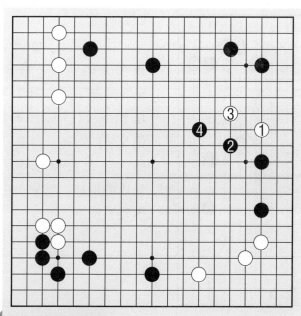

图 4　严厉的进攻

图 3　黑实空大

白 1、3 的目的是侵消黑棋，但黑 2、4 使黑阵大为巩固，白棋在实空上损失太大。白棋由于过于害怕对方的攻击，因而如此轻易使对方得以巩固，白棋没有妙味。

图 4　严厉的进攻

白 1 打入是过于深入对方阵营的手法。黑 2 飞攻很严厉，白 3 跑，黑 4 再攻，白棋非常危险。以后白棋如逃跑，上边黑阵会自然加固。

精讲围棋对局 技巧・接触战

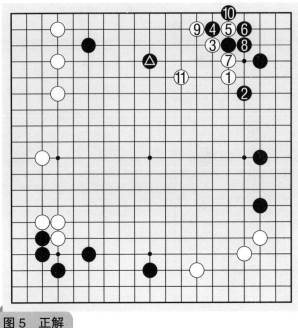

图5　正解

图5　正解

对黑●斜拆，白1才是消的要点。相反如果黑棋占据这个位置后，这里就完全变成黑空了。白1后，黑2飞，白3靠，白5断都是有准备的对策。到白11为止，白棋侵消已获成功。

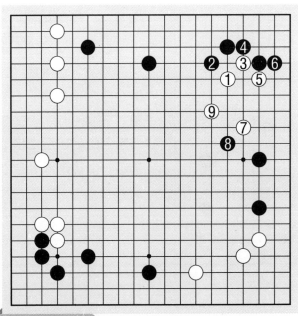

图6　其他对策

图6　其他对策

白1后，如黑2重视上边实空，白3、5争得先手后，白7飞是恰当的手段。黑8仍坚持攻击，白9飞出，至此白棋已不是受攻的形状。结果是白棋轻易成活。

问题 7 ▶▶

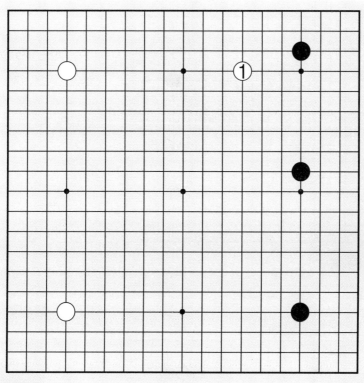

问题 7

黑先。本图是高中国流布局中外势型布局的典型代表，白 1 挂也是牵制中国流布局的常用手段。面对白 1，黑棋有许多应对方法，黑棋正确的应对方法和以后的对局方法是什么？

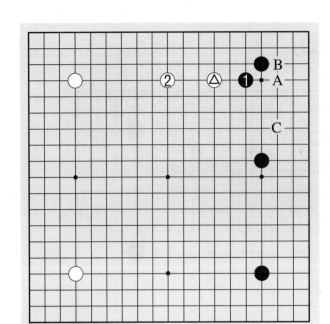

图1　普通进展

图1　普通进展

白△的目的是，等黑1尖后，在白2拆。当然黑棋也可能不这么下。如白不走△位，而采用白A、黑B、白C的手段，将诱使双方发生激战。

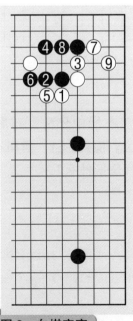

图2　激烈的夹攻

图3　白棋安定

图2　激烈的夹攻

黑棋由于要贴子，将局面搞得激烈一些是一般常识。黑1正是符合这种意图的手段。此后到白14为止，黑棋可以先手获取实地。

图3　白棋安定

白1扳，以下到白9为止，白棋具备了模样，黑棋不满。在自身强大的势力范围内让对方如此轻易地安定，黑棋不好。

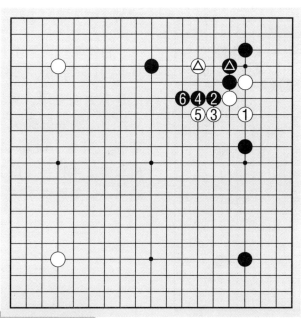

图4 黑棋理想

图4 黑棋理想

黑△连时，白棋不长而改在白1虎，是白棋的失手。黑棋当即扳是好手，到黑6为止，黑棋在未付出任何代价的情况下，就将白△吃住，是巨大的成功。

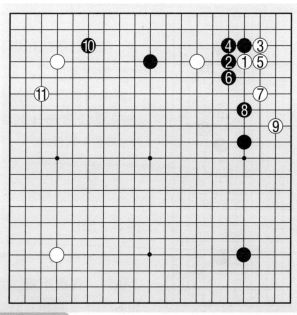

图5 正解

图5 正解

面对黑棋的夹攻，白1靠是常用的化解方法。黑2扳时，白3至白9，白棋确保实空，黑10先手挂，扩张外势。双方均势。

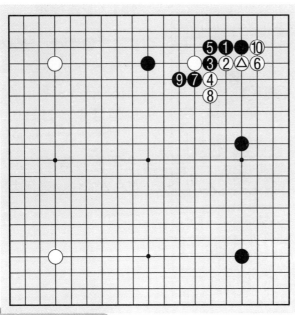

图6 无力的手段

图6 无力的手段

白△靠时，黑1长是无力的手段。白2压是有力的手段，黑3到黑9，黑棋虽确保了实利，但白10挡，白棋取得了实利并具备了眼形。结果黑棋不满。

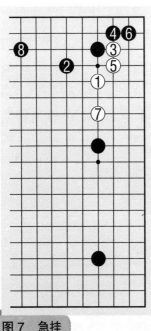

图7 急挂

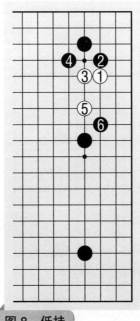

图8 低挂

图7 急挂

接受贴子的白棋要充分地控制局面。白1未能像问题图那样控制住局面，匆匆忙忙地挂，以下到黑8为止，已经导致双方激战。

图8 低挂

白1飞挂，被黑2猛攻，白棋不好。到黑6为止，白棋被攻。

问题 8 ▶▶

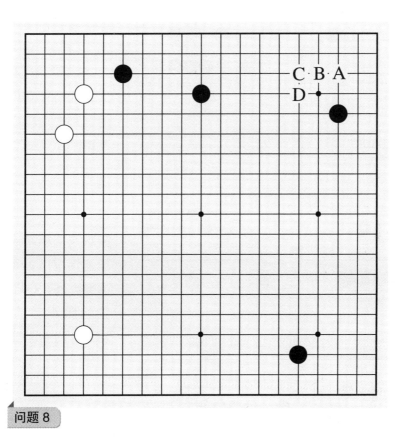

问题 8

白先。对方在角上下外目时，挂角多少有点负担。但是白棋如果放任黑棋扩张上边阵营，在 B 位下成无忧角，上边和右上角则会变成黑棋的势力范围。白棋在 A 至 D 中哪一点挂才合适？此后的手段又是什么？

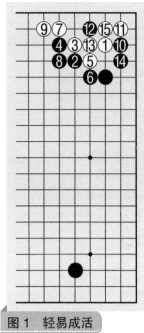

图 1 轻易成活

图 2 有力的夹攻

图 3 正解

图 1 轻易成活

白 1 挂三三是想尽快安定自身的有力方法。黑 2 封，白 3 至白 15，白棋已轻易成活，而且还获取了相当的实利，白棋心情当然不错。

图 2 有力的夹攻

白 1 挂三三，黑 2 夹攻是黑棋考虑到周围配置情况所采用的最佳下法。白 3 尖意在出头，黑 4 飞是预定的次序。到黑 12 为止，黑棋外势已很明显。

图 3 正解

白 1 小目挂是很容易被想到的方法。黑 2 封取外势，到白 7，白棋先手获利，而白 9 分投则是白棋的绝好点，白棋有利。白棋还可以伺机在 A 位和 B 位发展。

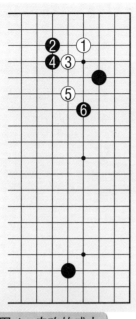

图 4　夹攻的威力

图 5　白棋最好的办法

图 4　夹攻的威力

白棋挂小目时，黑棋最大限度地利用周围棋子的配置，黑 2 夹攻是与周围棋子协调而展开的恰当的手段。进展到黑 6 时，黑棋局面很活跃。

图 5　白棋最好的办法

白棋挂小目时，黑 2 夹攻。黑 4 长时，白 5 尖顶，以尽快安定自己是恰当的对策。黑 6、8 封白棋时，白 9 长很重要。但是黑 10 先手缔角也是很有价值的一手棋。

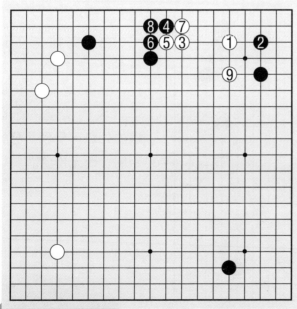

图 6　其他挂的方法

图 6　其他挂的方法

白 1 挂虽然多少有点变化，但也是很有力的手段。黑 2 守，白 3 拆很重要。到白 9 为止，黑棋虽然多少取得了实空，但白棋轻易成活，完全值得一下。

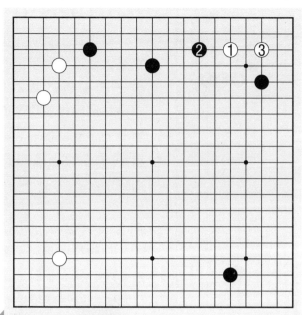

图7　不适当的夹攻

图7　不适当的夹攻

本图中白1挂时，黑2夹攻是不适当的。白3守角安定自身，黑棋收获不大。

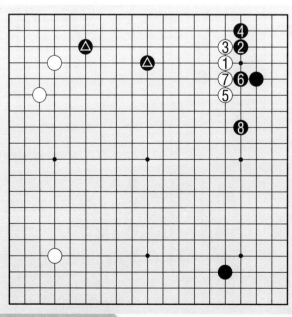

图8　无价值的外势

图8　无价值的外势

白1高挂是不适当的下法。到黑8为止，结果是黑棋获取了很大的实空，而白棋的外势因受到黑▲的牵制，而无价值。

三、补棋

问题1 ▶▶

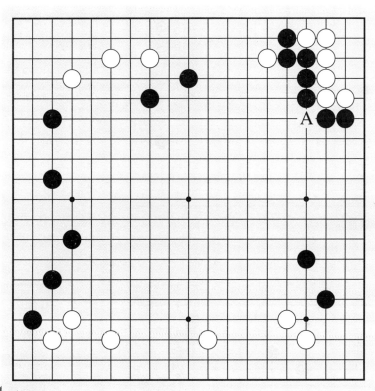

问题1

黑先。本图是白棋实空对黑棋外势的棋形，黑棋不补上边的断点A，就很难说已经形成了完整的外势。黑棋会以什么形式来补A位的断点？黑棋不会满足于单纯地接，因此黑棋应寻找有效的下法，既补A位断点，又可以形成一定的外势。

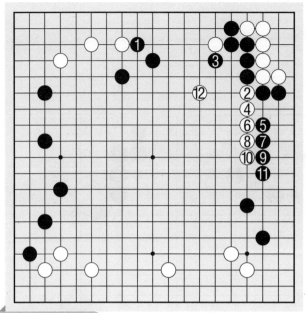

图1 利用弱点

图1 利用弱点

黑棋不补断点，而采用黑1尖顶的手段来扩张自己的势力，被白2断，则不会有好的结果。从黑3补断点到黑11，都是白棋得先手，其后白12跳出，略具形状后，黑棋的外势已微不足道。所以说不管有多大的外势，如有弱点都不可能成大空。

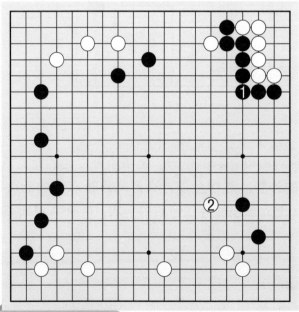

图2 黑棋效率不高

图2 黑棋效率不高

黑1接是非常干脆的下法，但缺点是对边和中腹影响力小。白2大飞，在消黑棋外势的同时，白棋自身也形成灵活的模样。黑1接的棋形过于老实，黑棋应采用效率更高的手段。

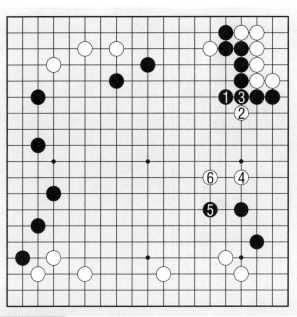

图 3　愚形

图 3　愚形

黑 1 虎，被白 2 先手刺，黑棋心情太坏。黑 3 接走成愚形，黑棋不满。其后白 4 立即打入黑空。行至白 6，黑棋再攻击白棋已非易事。

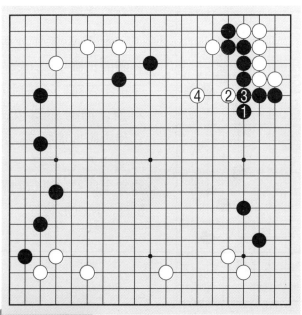

图 4　大同小异

图 4　大同小异

黑 1 虎，白棋仍有先手刺的手段，黑棋太痛苦。黑 3 接成愚形，白 4 跳，黑棋仍很难攻击白棋，白棋可轻易化解黑棋的进攻，并且到处都是实空，形势对白棋当然有利。

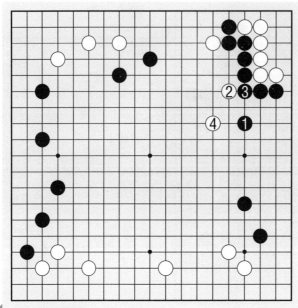

图5　黑空被消

图5　黑空被消

黑1飞的手段比图3、图4防守更为有效。但白2先手刺、白4飞，仍然是黑棋不满。其后黑棋要吃住白棋也非易事。

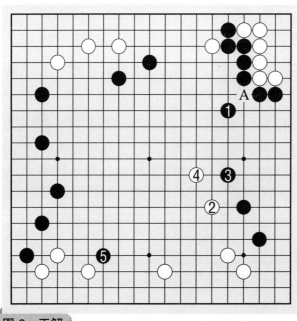

图6　正解

图6　正解

本图中黑1飞是补断的正确手段。这一手棋不仅可以不被对方利用，而且还可以向边和中腹施加影响。其后白2时，黑3后右边完全成空。进行到黑5时，黑棋形势好。

问题 2 ▶▶

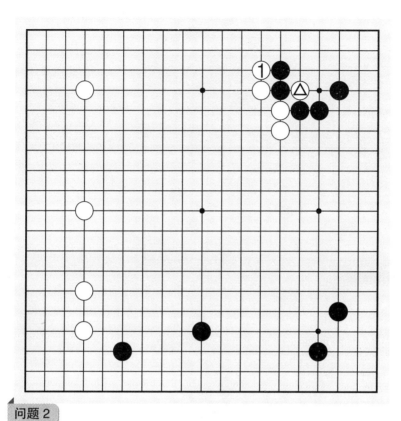

问题 2

黑先。本图是右上角定式过程中，白 1 挡的棋形。黑棋应吃住白△一子，以什么方法吃才是最有效的手段？即使是后手，如能制造出对方的断点，也是必要的对局手段。

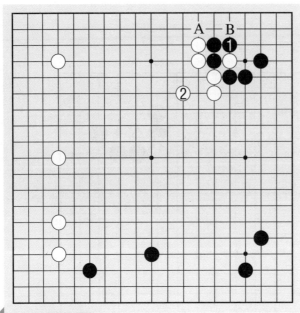

图1 黑棋单纯

图1 黑棋单纯

黑1打吃白棋，这是最平常的手段，白2补，这是白棋外势和黑棋实空的交换。此后白棋有在A位立后B位夹的大官子手段，所以黑棋应寻求能使棋子价值提升的手段。

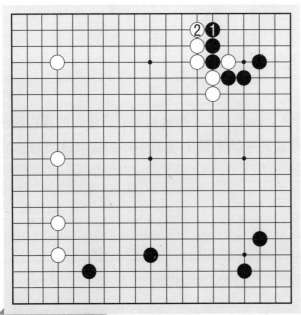

图2 手段的余味

图2 手段的余味

黑1立，是准备在角上成大空的手段，但是白2挡后，黑棋完全失算。左侧白棋已初显规模，右上角的实空还有被白棋利用的可能。

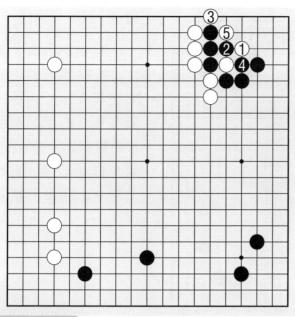

图3 大官子

图3 大官子

在图2的棋形中，白棋待机会成熟，于本图1位尖即可获得官子上的便宜。黑2打，白3、5渡过是预定的次序，黑棋大损，结果说明图2中黑1不是好手。

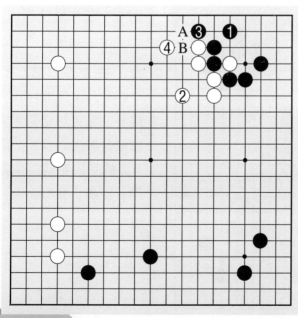

图4 正解

图4 正解

黑1尖是此棋形最有效的下法，而且可以避免被白棋利用。白2如当即补断点，黑3虎是绝好的点，白4不可避免地要后退。如白A挡，被黑B断，白棋会出大乱子。

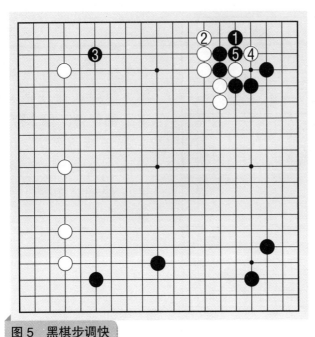

图 5　黑棋步调快

图 5　黑棋步调快

黑 1 尖，白 2 下立，黑棋即可腾出手来在黑 3 挂。这种棋形与图 3 相比，不会被白棋利用，白 4 尖，黑 5 打后，黑棋已很安全，而且黑棋步调快。

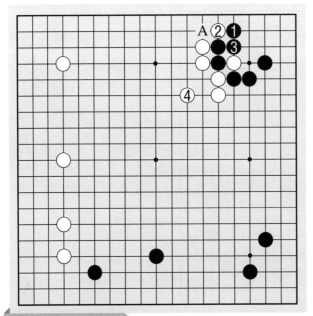

图 6　双方最佳选择

图 6　双方最佳选择

黑 1 尖时，白 2 打，迫使黑 3 接，白 4 整形，这是黑白双方最好的结果。将来黑 A 位断是黑棋的权利。黑 1 尖的手段在实战中常用，应熟记在心。

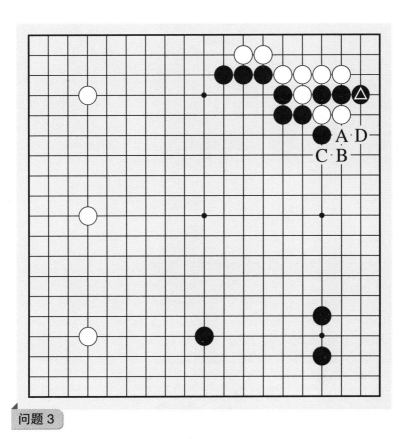

问题 3

白先。本图是黑△下立的棋形，黑棋利用弃子而取外势，白棋如何才能吃住黑棋三子？白棋如贪图在 A 位拐以减弱黑棋的外势，被黑 B 扳，其后白 C 打，黑 D 反打，白棋则被打成愚形。

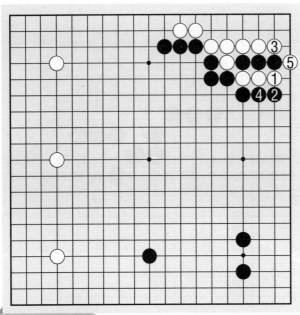

图 1　黑棋坚固

图 1　黑棋坚固

白 1 挡是想尽快吃住黑棋，但黑 2 夹，黑 4 打，黑棋先手筑成坚固的外势，白棋不利。黑棋没有断点就具备坚固的棋形，以后作战对白棋不利。

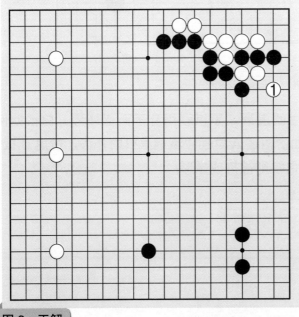

图 2　正解

图 2　正解

白 1 尖是此时的唯一手段。这种手段与图 1 相比，棋子效率更高。类似于像白 1 这样具有弹性的手段经常在实战中出现，一定要记住。

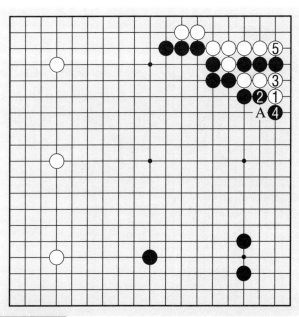

图 3 断点

图3 断点

白1尖，黑2打，白3团，黑4挡，白5打。黑棋出现了A位断点，黑棋须后手补。这样就可以看出白1尖所发挥的作用。

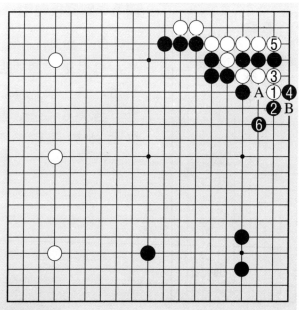

图 4 保留

图4 保留

白1尖后，黑棋保留打的手段，而在黑2靠，这种手段很重要。白3吃时，黑4、6补，A位的劫材是黑棋的权利，而黑B接是先手，这是黑棋的收获。

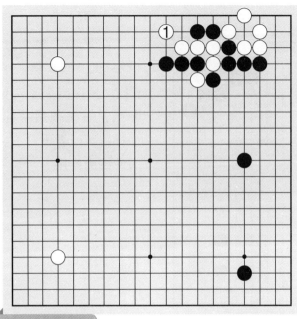

图5 其他例子

图5 其他例子

这是星定式中出现的一种棋形，白1尖是防止被黑棋利用的好棋。这种在二线上尖防备对方利用的手段经常在实战中使用。

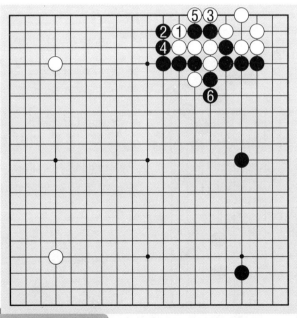

图6 彻底被包围

图6 彻底被包围

白1拐时，黑2夹，白棋被黑棋彻底利用，这一点应该注意。至黑6为止，黑棋的外势已影响到全局。

问题 4 ▶▶

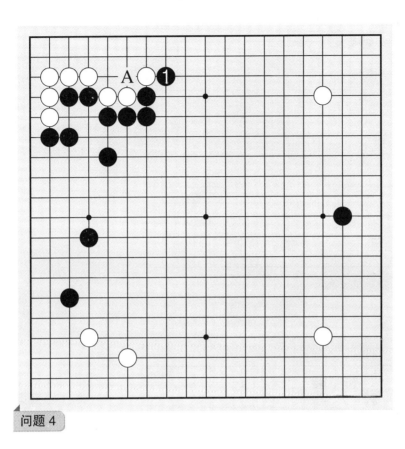

问题 4

　　白先。黑 1 扳，白棋如何处理 A 位的断点，才能既避免被黑棋利用，又能造成黑棋模样上的断点？

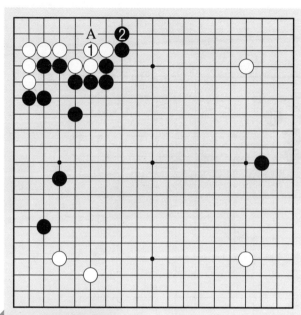

图1　白棋棋形难看

图1　白棋棋形难看

为避免被双打，白1接是最易被考虑的手段。但是白棋棋形过于蜷缩，黑2下立后，白1即成为疑问手。黑棋将来可以在A位托来捞取官子的便宜。

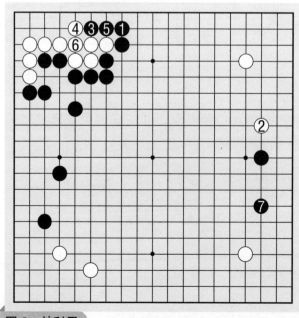

图2　被利用

图2　被利用

黑1下立时，白如在5位挡则过于屈服，因而白2超大飞抢占右边。但是被黑3、5先手利用后，白棋过于痛苦。对局时应绝对避免出现这种情况。

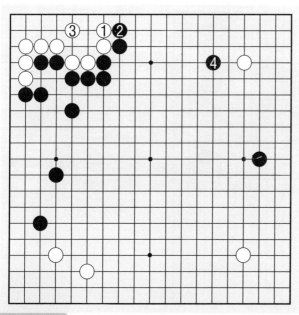

图3 后手

图3 后手

白1立也不是最佳的手段。黑2挡，白3仍需要补，白棋后手。应该最大限度地避免被对方先手封住。黑棋依仗外势在黑4挂，结果非常有利。

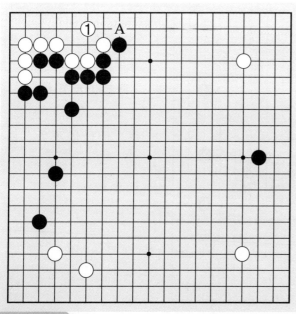

图4 正解

图4 正解

白1尖是这种情况下正确的行棋方法。白1尖是不给黑棋任何利用手段的稳妥的补断方法。如果黑棋脱先，白A虎，黑棋大损。这里无论如何黑棋都应做出反应。

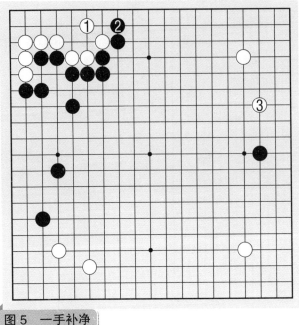

图5　一手补净

图5　一手补净

白1尖，黑2立是黑棋甘心后手，以期在角上有所作为的常用手法。但是现在与图2情形不同，白1一手棋已将白棋补净，黑2就成为疑问手了。白3飞节奏很快。

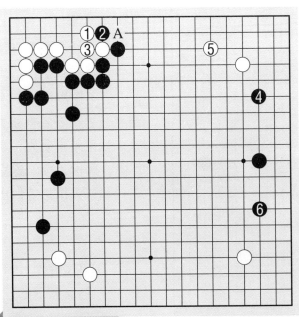

图6　双方最佳手法

图6　双方最佳手法

白1尖，黑2打，先手定形是正确的。黑4飞挂方向正确。白棋在A位的断打虽是先手，但价值不大。白5飞，黑6拆是双方最好的下法。

问题 5 ▶▶

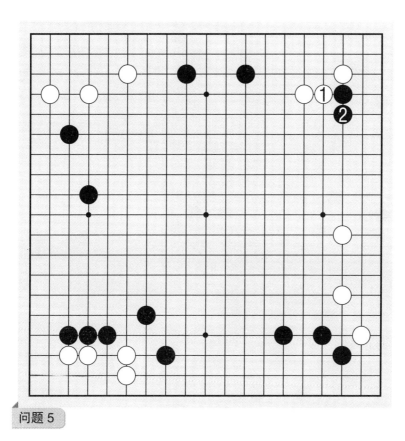

问题 5

　　白先。本图是白 1 顶、黑 2 长的棋形，白棋是选择首先攻击黑棋二子，还是自我整形？如拘泥于形状而按习惯下棋，肯定会招致失败。

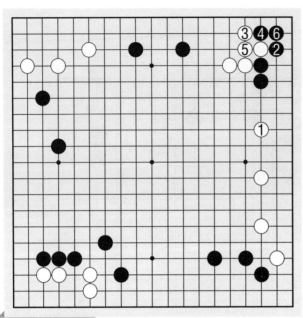

图1 白棋贪心

图1 白棋贪心

白1拆攻击黑棋则野心太大，白棋无理。黑2扳是要点，进行至黑6时，攻守双方已基本倒置。

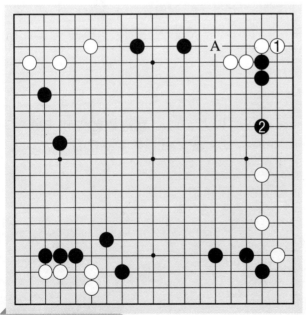

图2 习惯性的失手

图2 习惯性的失手

白1立虽是形状上的要点，但在本图形中是不适当的。黑2拆二首先安定自己是冷静的好手，将来可以瞄着白棋的弱点，其后白A尖补弱点是预想的进行。

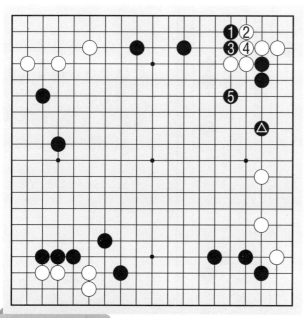

图3 黑棋形势好

图3 黑棋形势好

黑▲拆二安定自己时，如白棋脱先，黑1先手利用极其厉害，迫使白2、4屈服。黑5飞攻击整块白棋，黑棋形势好。

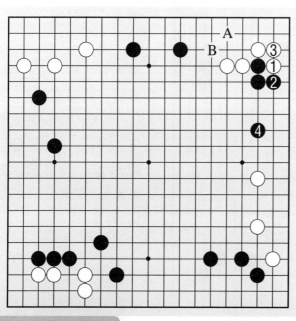

图4 无意义的手段

图4 无意义的手段

白1扳，黑2挡时，白3接是无意义的手段。其后白棋如脱先，而被黑A利用，白棋很痛苦，白B防守也是后手。

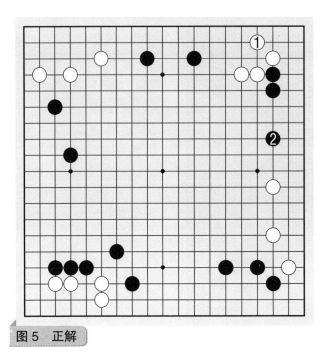

图5　正解

图5　正解

白1虎是正确的行棋手段，黑2防守。白棋由于棋形具有弹性，已无必要补棋。白棋得到先手，白棋满足。

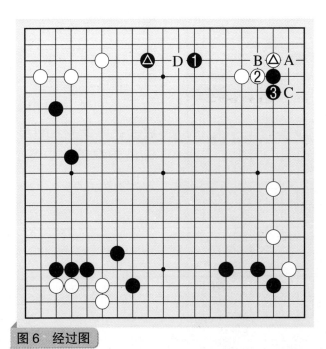

图6　经过图

图6　经过图

问题图中黑1拆是具有气势的棋。白△靠时，如按照黑A、白B、黑C、白D的常规下法来行棋，黑△已被孤立。白2顶，黑3长是问题图的形成过程。

问题 6 ▶▶

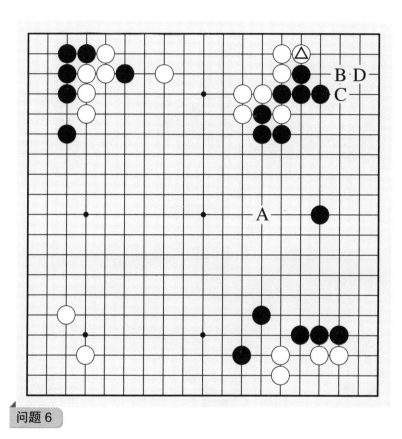

问题 6

黑先。白△拐问黑棋的应手。黑棋如果脱先，在 A 位跳扩张右边势力，会被白 B 点角，之后黑 C、白 D，角上的空全被白棋占有。面对白△，黑棋应该如何正确应对？

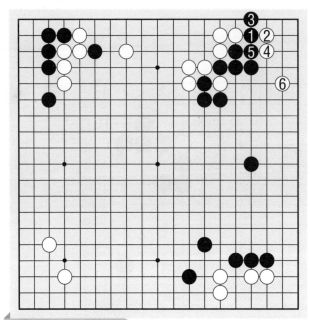

图 1　白棋轻易安定

图 1　白棋轻易安定

黑 1 挡，有被白 2 利用的手段，黑 1 不好。黑 3 立阻渡，白 4 可以先手长，到白 6 飞时，黑棋无法吃住白棋，而且黑棋在实空上也受损。

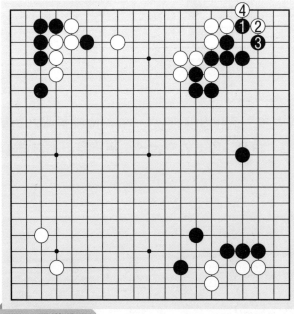

图 2　黑棋委屈

图 2　黑棋委屈

白 2 时，黑 3 退让，白 4 渡过，此棋形黑棋很委屈，由此也可以看出黑 1 的失败。不过这种棋形与图 1 相比，黑棋结果要稍好一点。

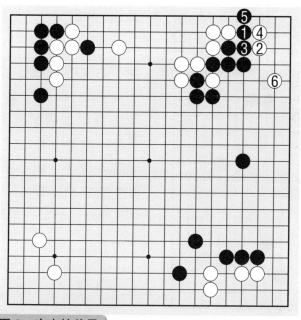

图3 次序的差异

黑1挡，白2立即刺的手段也是成立的。黑3接，白4先手利用后，白6飞，白棋轻易成活，与图1相比，只不过是行棋次序不同而已。

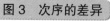

图3 次序的差异

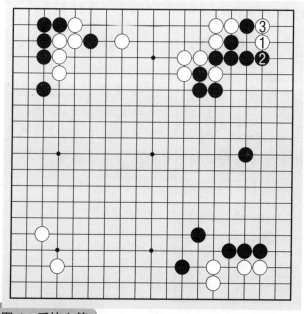

图4 妥协之策

白1刺，黑2挡是黑棋的妥协。但是白3夹后仍然是黑棋受损。黑棋在右上角的空受损，是白棋获取实利局面。

图4 妥协之策

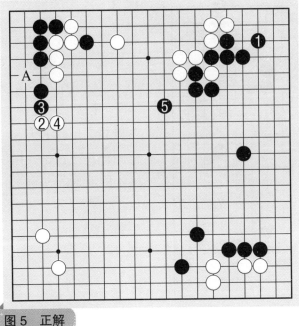

图5 正解

图5 正解

　　在这种棋形中，由于右边很宽阔，黑1尖是正确的手段，现在白棋要再跳入黑空已不容易。白2逼，瞄着A位透点的手段，黑3顶补棋，黑5飞。结果黑棋的外势非常具有活力。

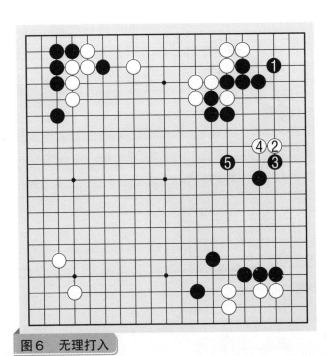

图6 无理打入

图6 无理打入

　　黑1尖时，白2如果执意打入，黑3尖顶至黑5飞均是攻击要领，由于白棋二子在角上没有任何手段只能束手就擒。

问题 7 ▶▶

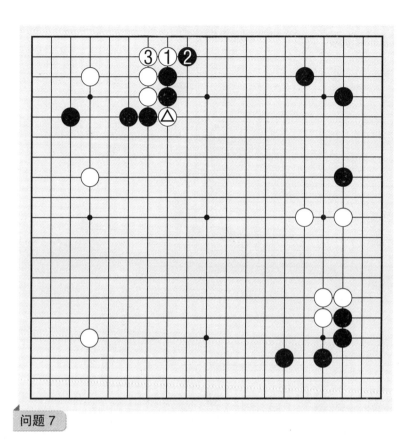

问题 7

黑先。本图是白1扳、白3接的棋形。黑棋被白棋扳住头,下一步棋有点困难。黑棋应如何处理好上边和左边两块棋?应注意的是,不能让白△得以巩固,否则会影响到左边黑三子。

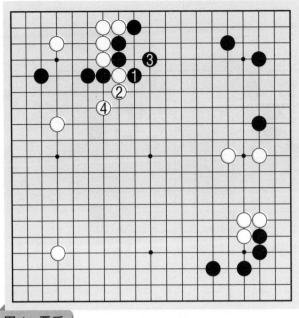

图1　恶手

图1　恶手

黑1打、3虎，白4尖，左边黑棋被封，黑棋不好。虽然左边黑棋尚不至于死，但为了求活，必然会使周围白棋得到加强，牺牲太大。

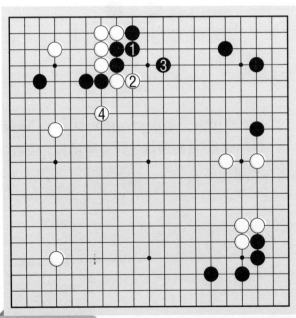

图2　效率不高

图2　效率不高

黑1接，棋形很重，补棋效率不高。下棋时应最大限度地避免形成黑1接这样笨拙的棋形。白2长是好手，黑3拆，白4飞，攻击左边黑棋，结果与图1大同小异。

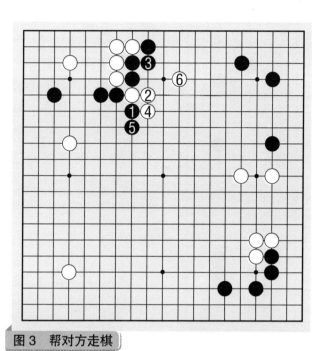

图3 帮对方走棋

图3 帮对方走棋

黑1打仍然会使对方巩固，而对自己没有什么作用。白2长，黑3接，白4争得先手后，白6飞是攻击的要点。由于白6的攻击，黑棋四子已很难受。黑1是在帮对方走棋。

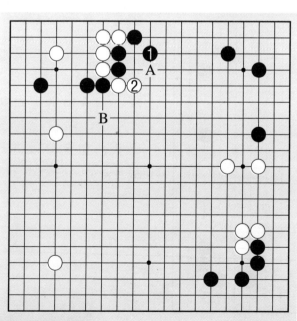

图4 错误的补

图4 错误的补

黑1虎是很易想到的补棋手段，但在此棋形中是大恶手。白2长是冷静的好手，瞄着A位尖顶攻击上边黑棋和在B位飞攻击左边黑棋。

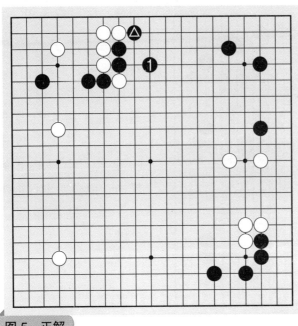

图 5　正解

图 5　正解

黑 1 单纯地跳补是这种情形下正确的手段。黑△一子由于角上白棋已活，已不重要。黑 1 跳不仅未使对方得到加强，而且还有整形的味道。

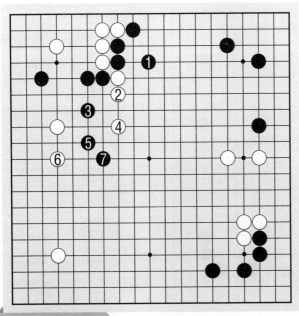

图 6　充分的战斗

图 6　充分的战斗

黑 1 跳，白 2 长加强自身。其后黑 3 跳，白 4 出头，至黑 7 为止，黑棋已抢先出头，完全可以进行战斗。

问题 8 ▶▶

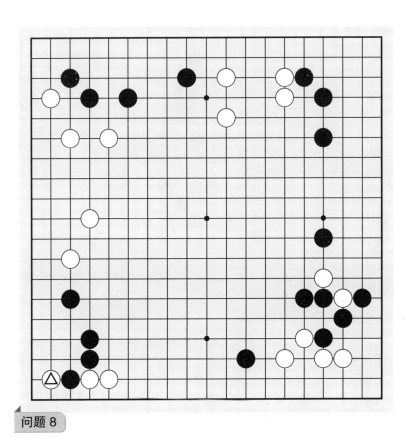

问题 8

黑先。白△夹问黑棋的应手。白棋这手棋只是想利用一下，但如果黑棋应对有误，会有不小的麻烦。这种情形中，如何处理才能不让白棋的企图得逞？

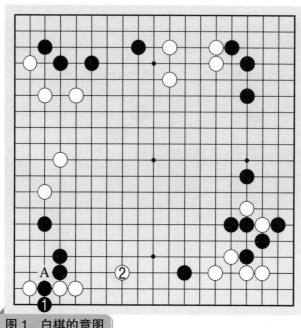

图1 白棋的意图

图1 白棋的意图

黑1立虽然是想分断白棋，但却正中白棋下怀。黑棋虽然是气势上的下法，但由于有A位的断点，进攻不能放心大胆地进行。

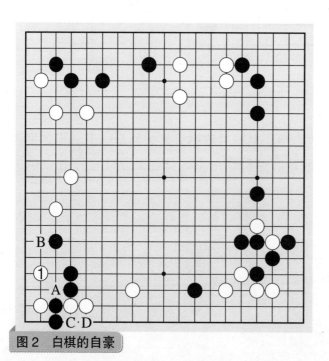

图2 白棋的自豪

图2 白棋的自豪

在图1的棋形中，白棋有很多可以利用的手段，如有时机，白1刺，有伺机占据A位或B位威胁黑棋的根据地的手段。下边白棋一旦需要做眼，白C立是绝对先手，可在D位确保一个眼位，这是白棋的自豪。

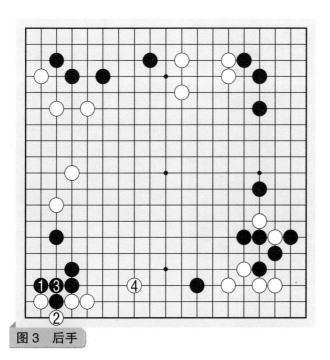

图3 后手

图3 后手

黑1虎补，被白2打吃，黑棋角上的地被白棋破坏，白棋以后在4位飞，白棋十分满足。

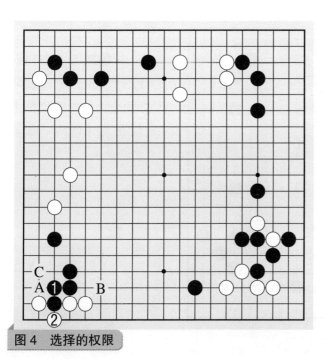

图4 选择的权限

图4 选择的权限

黑1接，白2渡过时，黑棋如不在A位挡，而选择在B位攻，则黑棋受损更为明显。此后白A长，黑C挡，结果是白棋后手做成一眼。

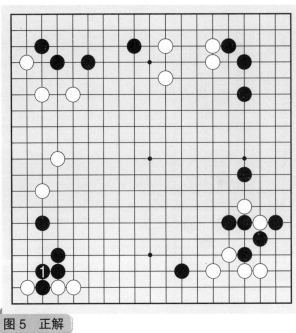

图 5 正解

图 5　正解

黑 1 接是正确的，既然自己的棋已不弱，攻击时就要强硬。白棋仅仅是先手稍微侵消了一下黑棋，没有其他的利用手段。

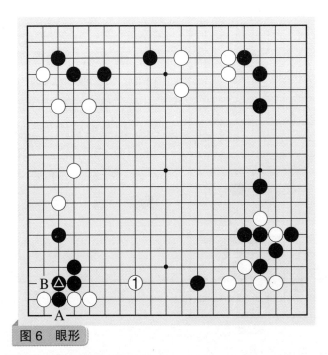

图 6 眼形

图 6　眼形

黑△接时，白棋在 1 位拆，其后白 A 渡对眼形无助。白棋仍需在 B 位长，才能成一眼。

问题 9 ▶▶

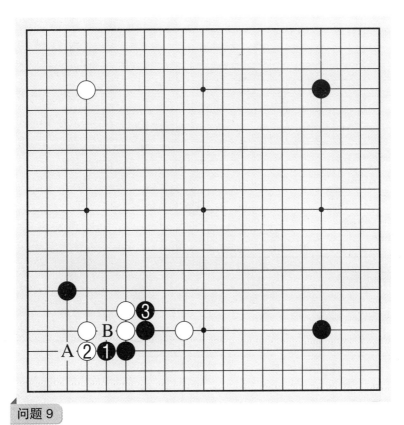

问题 9

　　白先。黑 1 虽然是白棋虎的位置，但在 A 位点三三是更为普遍的下法。白 2 是不可缺少的要点，其后黑 3 挺头。现在的焦点是围绕 B 位断点而展开攻防战，白棋应如何最有效地补 B 位断点？

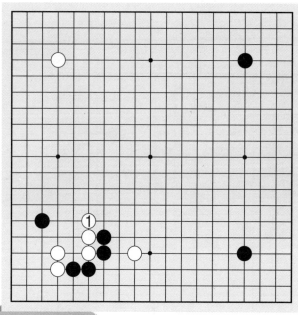

图1 气势不足

图1 气势不足

在激烈的战斗中，因顾虑自身弱点而后退，本身就已经输了这场战斗。白1虽是防止扳头的要点，但是过于软弱。面对黑棋的气势，白棋有后退的感觉。

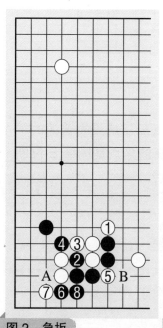

图2 急扳

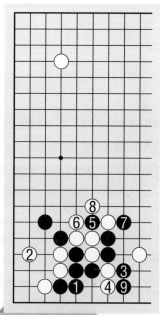

图3 好的次序

图2 急扳

白1是扳头的要点，首先攻击黑棋。但是被黑2至黑8反攻后，白棋有A位和B位的负担，白棋战斗无理。

图3 好的次序

黑1接时，白2跳守角，黑3得到先手后，黑5、7防止被对方征吃是好的次序。到黑9时，黑棋大获成功。

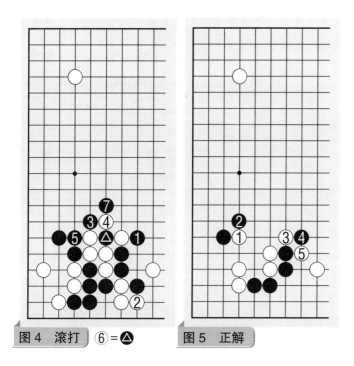

图4　滚打　⑥=△　　图5　正解

图4　滚打

黑1打吃时，白2拐，目的是救活白棋二子，这是白棋的贪心。黑3到黑7滚打白棋大龙。白棋大龙被吃后，胜负就已明朗了。

图5　正解

白1压，先手防备对方断，然后白3扳头是正确的次序。如黑4扳，白5断，黑棋将面临苦战。

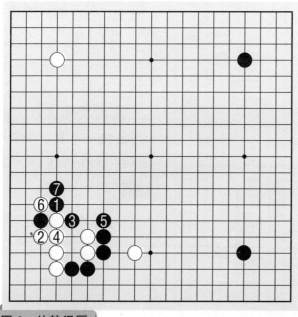

图6　外势很厚

图6　外势很厚

黑1扳时，白棋不扳而是改为白2挡，是过于追求实空的手段。黑3先手利用极为严厉，其后黑5长，黑棋外势很厚，面对白6的打吃，黑7长是应该熟记的对局手法。

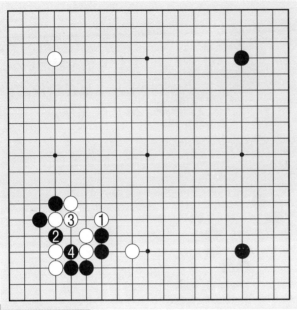

图7　接不归

图7　接不归

白1扳头时，黑2打吃是正确的次序。白棋为了不让黑棋提子，而在白3接非常无理。黑棋当即在4位断，白棋无法接应。

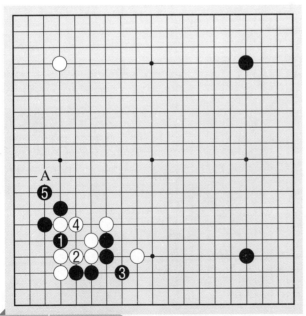

图8　双方最佳选择

图8　双方最佳选择

黑1打吃，白2接是正确的方法。其后黑3补后，白4接是正确的次序，双方都是最佳的选择。黑在5位虎或在A位飞，定式暂告一段落。

第2章

渡过与阻渡

问题 1 ▶▶

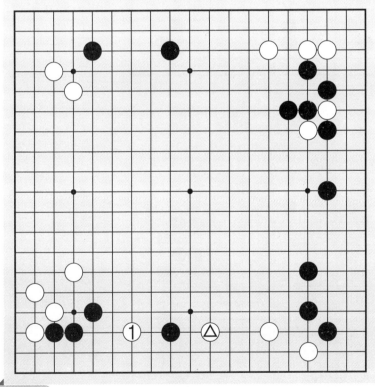

问题 1

　　黑先。本图是白棋利用白△作为跳板打入黑空的棋形。由于白 1 将黑棋分断，并有右侧白△配合，黑棋不能漠然不管，如何才能顺利安全地连接左右黑棋？连接的最佳方法又是什么？

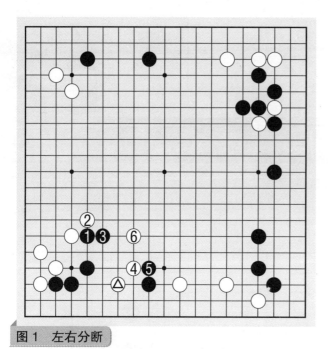

图1　左右分断

图1　左右分断

黑1靠的目的是在巩固黑棋的同时，活捉打入的白△一子。黑3长时，白4尖是好手，使黑棋不能如愿，黑5长，白6跳，黑棋已被分割，两侧都是无根的孤棋，黑棋已岌岌可危。

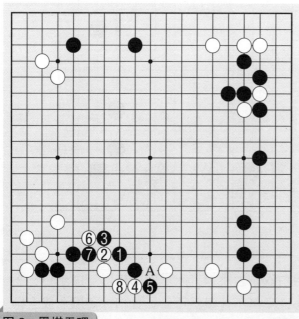

图2　黑棋无理

图2　黑棋无理

黑1尖的目的是想直接吃白棋，但是这手棋无理。白2、黑3交换之后，白4托是攻击黑棋的正确次序。黑5扳，直至白8为止，A位成为黑棋致命的缺点，战斗对黑棋不利。

图3　白棋操之过急

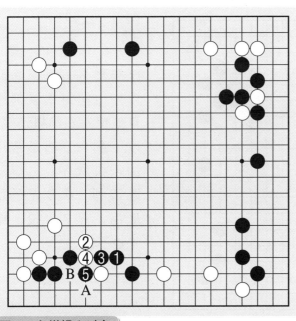

图3　白棋操之过急

黑1尖时，白不在3位长而在2位飞，则是白棋操之过急。黑3、5冲断，战斗对白棋不利。即使以后白A打，黑B接，白仍无手段。

图4　黑棋不满

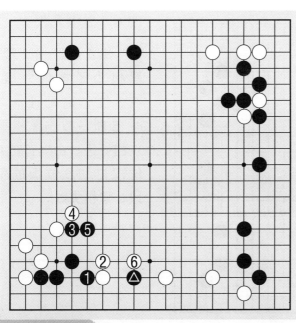

图4　黑棋不满

黑1尖顶，白2长，黑棋被左右分断，结果黑1成为是大恶手。黑3靠、5长试图出头，下至白6，白棋控制住黑△一子。结果是黑棋不满。

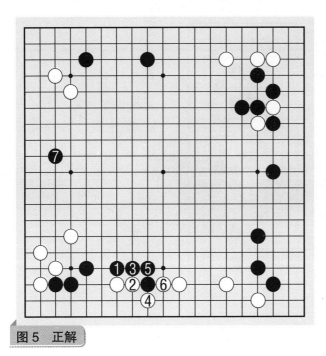

图5 正解

图5 正解

在本图中，黑1
压整形是好手，除此
以外，任何手段都不
可能使左右黑棋连接。
以下到白6都是常用
的行棋次序，白棋获
取实利。黑5先手定
形后，黑7分投，结
果也不错。

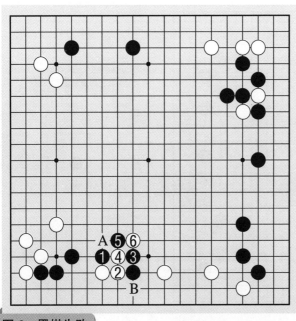

图6 黑棋失败

图6 黑棋失败

黑1压，白2顶。
黑棋为了挡住白棋，
在3位长则无理，白
4、6断是攻击黑棋弱
点的好手。白棋有在A
位双打和B位扳的手
段，黑棋失败。

问题 2 ▶▶

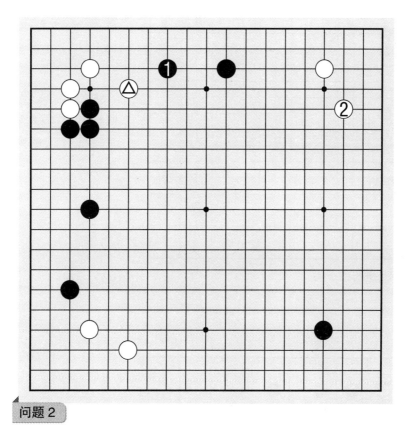

问题 2

　　黑先。白△的棋形有弱点，黑 1 就此展开攻击，白 2 脱先。黑棋面对白 2 的重大失手应如何应对？

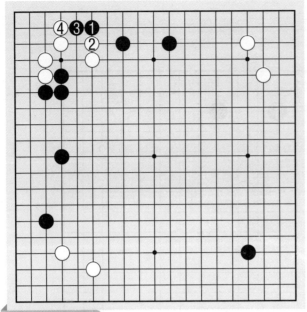

图 1　略有收益

图 1　略有收益

黑1飞无疑是侵蚀白空的手段，但被白2、4沉着应对防守后，只不过是单纯的官子。这种程度的收益，黑棋无法满意，黑棋应寻求更为严厉的手段。

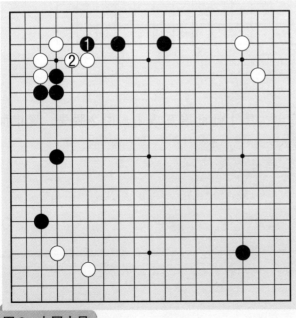

图 2　大同小异

图 2　大同小异

黑1托是冲击白棋形状的手段，但是白2沉着连接后，黑棋便再无其他手段。这种结果与图1大同小异。

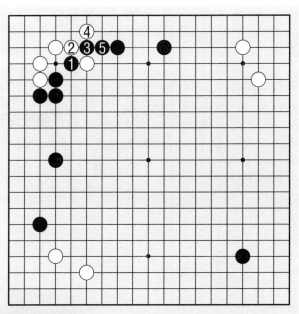

图3　实空大

图3　实空大

黑1、3强断，被白2、4轻松化解，黑棋感觉难受。虽然黑棋获取了非常强大的外势，但白棋角上实空太大，黑棋不满。

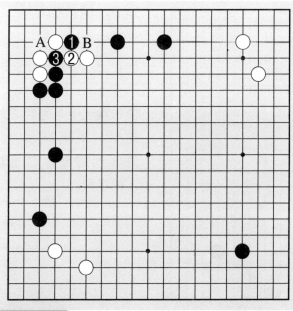

图4　正解

图4　正解

黑1跨是冲击白棋棋形的急所，可以最大限度地攻击白棋。白2断后，黑3反断是好手。黑棋无论在A位打占据角上实空，还是在B位连接，都将使右侧白棋因无根而受攻。

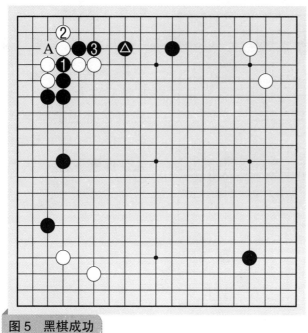

图5 黑棋成功

图5 黑棋成功

黑1断时，白棋考虑到有A位断点，因此在白2立。其后黑3长，与黑▲接应而使白棋二子无根，一举占据优势，这是正确的对局手法。

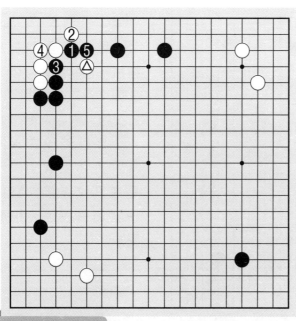

图6 白棋的变化

图6 白棋的变化

黑1跨时，白2扳，黑3挤是先手，黑5长是次序。这种使白▲一子毫无作为的结果，黑棋满意。对付飞的弱形，跨是基本的手段。

问题 3 ▶▶

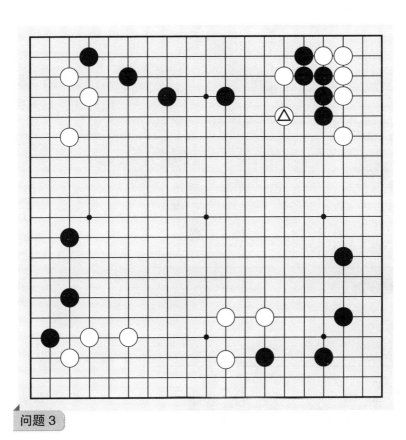

问题 3

黑先。本图是白△跳出的棋形，白△不是逃跑，而是在出头的同时威胁黑棋五子，如果白棋成活，角上黑棋就会有负担。但是黑棋有打破白棋意图的好手，黑棋应该如何应对？

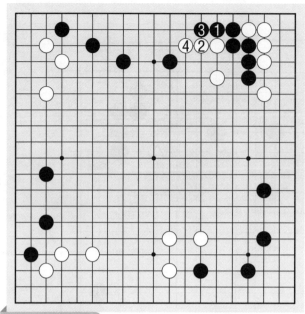

图 1 黑棋困难

图 1 黑棋困难

黑 1、3 爬，白 2、4 长，黑棋自然地被分割，非常不利。黑棋七子无根，大损。对局时应绝对避免黑棋这种自找被分割的情形。

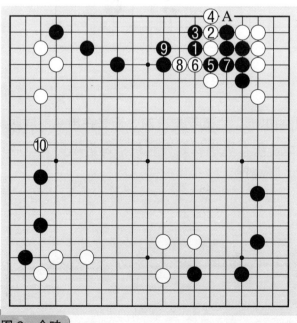

图 2 余味

图 2 余味

黑 1、3 夹企图连接，但白棋有 2、4 位立的强烈手段，黑棋不利。黑 5 断，白 6、8 争得先手后，脱先在 10 位拆，占大场是要领。白棋如有机会，在 A 位渡过，将使黑棋无根。

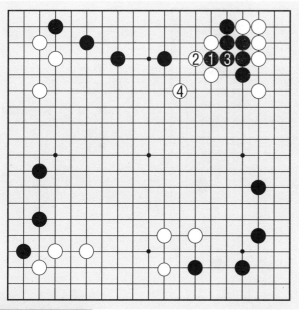

图 3　白棋轻灵

图 3　白棋轻灵

黑1、3挖接，目的是造成白棋棋形上的弱点，但在本图中不适合。白2争得先手后，白4飞是轻灵出头的要点，黑棋不满。

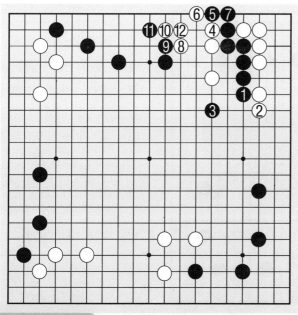

图 4　巧妙化解

图 4　巧妙化解

黑1、白2的交换是恶手，白棋的弱点，已补好。黑3镇想要挽回损失，但白4挡，到白12为止，白棋已巧妙地具备了活形，不再怕被攻击。

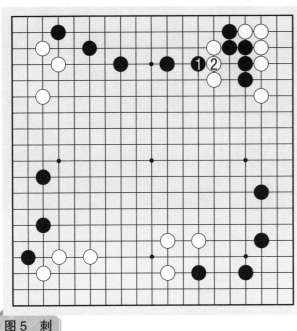

图5　刺

图5　刺

黑1刺，逼白2接是猛烈攻击白棋的正确方法。黑1、白2后，黑棋的下一着棋非常重要。

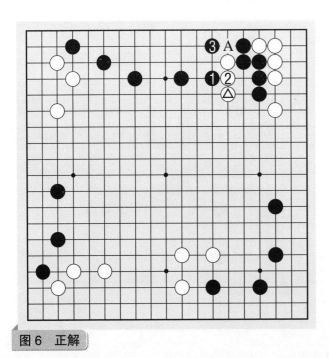

图6　正解

图6　正解

围棋棋子只要相连就能发挥出力量，如被分断，棋子力量会变弱。黑3跳意在联络，是好点，虽然处于二线，但这样联络，却可攻击对方。因此一般情况下白△应下在A点，试黑棋的应手。

问题 4 ▶▶

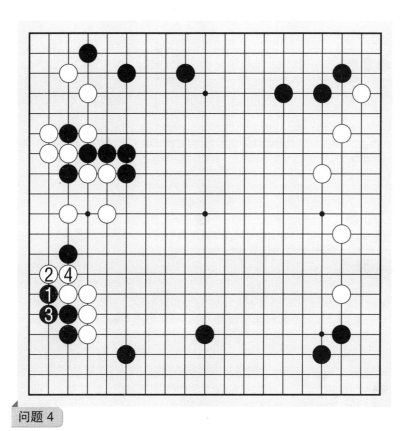

问题 4

　　黑先。围棋棋子有相连时强、被分断时弱的特性。黑 1、3 扳接之后在棋形上与下边黑棋连接已成问题。黑棋单纯地在角上成活似乎没有问题，但在自己成活的过程中，会影响到下边的黑棋。因此，黑棋左右相连的正确办法是什么？

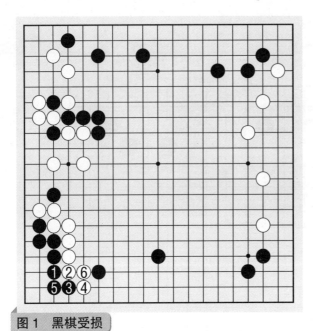

图1 黑棋受损

图1 黑棋受损

黑1下立求活过于消极。白2挡，黑3、5扳接，黑棋虽可先手成活，但是下边黑棋受损，结果不好。黑棋应考虑不使下边黑棋受损，又能处理自己的方法。

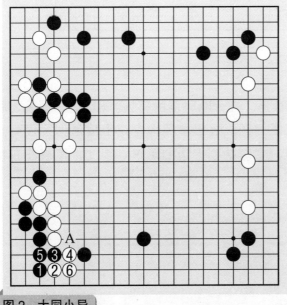

图2 大同小异

图2 大同小异

黑1跳，白棋仍有2位靠断的手段，结果与图1大同小异。黑3、5挖接虽然是基本对局方法，但是白6接，下边黑阵被破坏。黑棋所得到的安慰仅仅是可以利用白棋A位的断点。

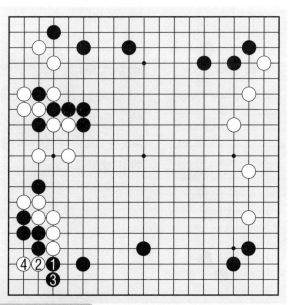

图3 断是手筋

图3 断是手筋

黑1扳虽然企图连接，但白2断是手筋，黑棋连接已不可能，黑3下立守住黑阵，白4即已吃住角上黑棋四子。这种结果是白棋意料之外的收获。

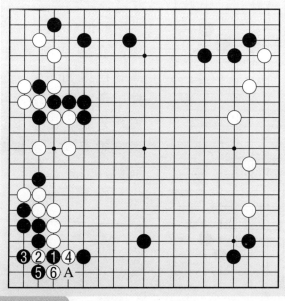

图4 打劫

图4 打劫

黑1扳，白2时，黑3、5打吃白棋一子，白4、6反打，造劫。这个劫，如果黑棋打输，角上死活就成问题，因此不敢轻易决断。

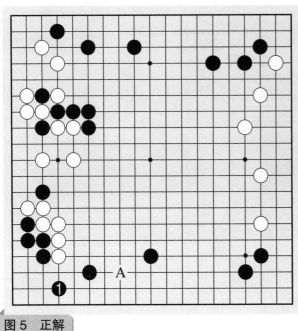

图 5　正解

图 5　正解

黑 1 飞是能够联络左右黑棋的要点。除此以外，没有其他可能。随后白棋很可能在 A 位打入，黑棋可对其进行猛攻。

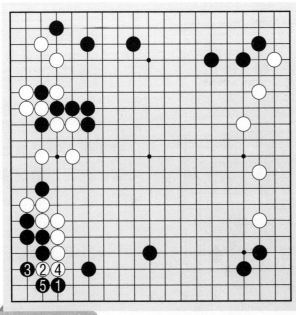

图 6　连接成功

图 6　连接成功

黑 1 飞时，白 2 扳，企图切断黑棋，黑 3 挡是好手。白 4 接，黑 5 便可使黑棋安然连接。由于下边黑空很坚实，黑棋略有利。

问题 5 ▶▶

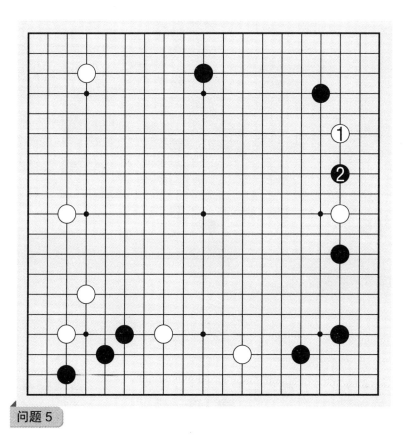

问题 5

白先。本图是白1拆三，黑2当即打入的棋形。白棋的负担是要处理两颗被分断的棋子，怎样下最好？

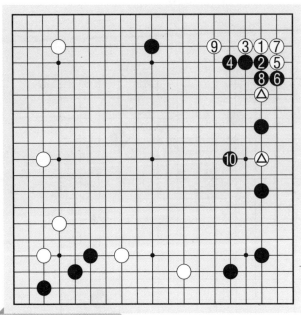

图1 黑棋外势宏大

图1 黑棋外势宏大

白1点三三抛弃右边，意图占角，到白9为止，全是按照白棋的意图进展的。但是白棋在占据实空的同时，黑棋获取宏大的外势，而且白△二子已无价值。黑10占据右边大场后，白棋不满。

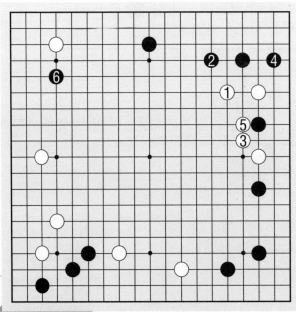

图2 常用手段

图2 常用手段

白1跳是这种棋形中处理两侧白棋的常用手段。白1后，黑棋有在2位补和3位尖的手段。如果黑2补，以下进行到白5，都是最平凡的进展。白棋落后手多少有点不满。黑6挂。从全局来看是黑棋步调快。

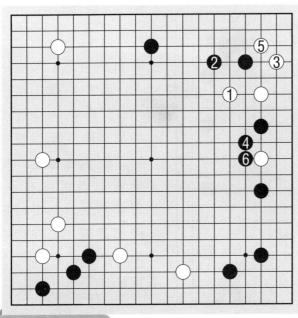

图3　白棋被压制

图3　白棋被压制

白1、黑2时，白3的目的是希望黑于5位补，然后白于4位尖。为了不让白棋如愿，黑4尖是当然的手段，以下到黑6为止，是双方具有气势的进行。但是白棋被压制，黑棋略厚。

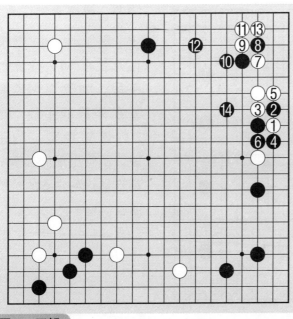

图4　正解

图4　正解

白1托是常用的处理手段。弃掉白1一子，目的是确保角上的实空。以下几乎都是定式化的次序。白棋获取了实空，黑棋也取得了很厚的外势，并无不满。

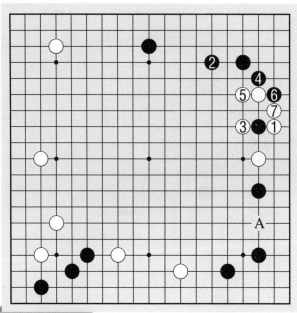

图5　白棋厚形

图5　白棋厚形

白1托时，黑2守角，白3夹黑棋一子，是想把棋走厚的手法。黑4、6争得先手后，脱先是很重要的。到白7为止，结果看似对黑棋有利，其实不然。白棋以厚形为基础，可伺机在A点打入，白棋充分可下。

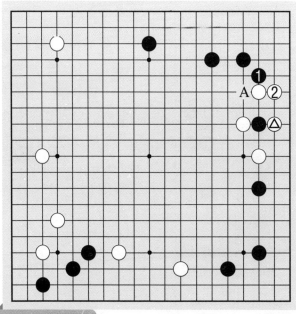

图6　重视实空

图6　重视实空

黑1时，白棋有在A位长和2位立的手段。如果说白A是重视外势的手段，白2则是重视实空的手段。不管出现什么情况都应认识到白△的价值所在。

问题 6 ▶▶

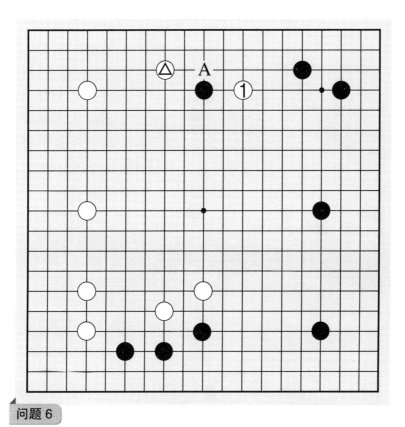

问题 6

黑先。白棋以白△为后援，在 1 位打入黑棋。但由于黑棋势力雄厚，因此白 1 打入多少有点无理。黑棋想通过猛烈的进攻而掌握大势，应该如何下才是最恰当的手法？注意不能让白于 A 位将两侧白棋连接起来。

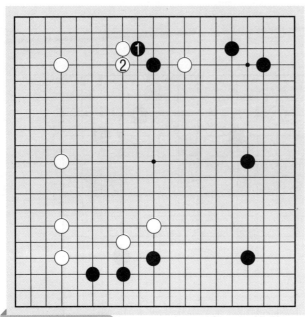

图1 典型的恶手

图1 典型的恶手

黑1尖顶虽是阻止白棋连接的手段，但却是典型的恶手。白2是黑棋虎的位置，同时也是加固左上白棋的好点。黑棋虽然达到了切断白棋的目的，但使左上的白棋走厚，结果不好。

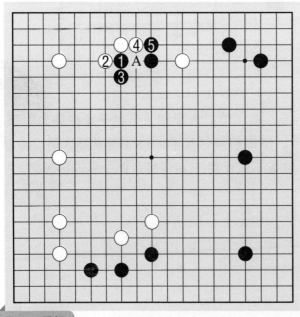

图2 黑损

图2 黑损

黑1压虽是阻止左右白棋相连的手段，但不是好手。白2到黑5，黑棋虽然成功切断白棋，但是白棋可在A位冲，黑棋会有负担。

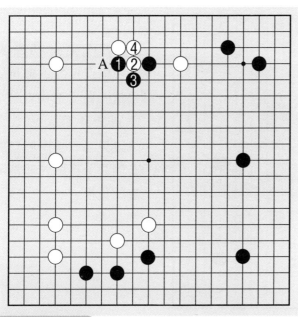

图 3　黑断点多

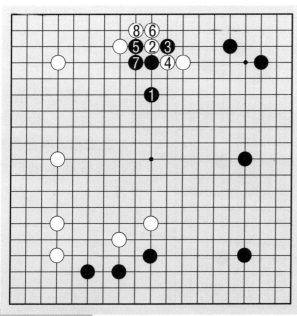

图 4　一无所获

图 3　黑断点多

黑 1 压，白 A 扳多少有点困难。但因有征子有利的前提，白 2 挖的手段也是成立的。黑棋由于征子不利，只好在黑 3 打，白 4 接，反而使黑棋到处都是断点。结果是黑 1 不成立。

图 4　一无所获

黑 1 跳，让白 2 渡过，是黑棋的失算。黑 3、5 打，企图切断白棋，但白 6 之后，黑棋已无法阻止白棋连接。到白 8 为止，黑棋一无所获。

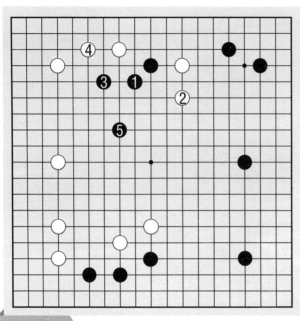

图 5 正解

图 5　正解

黑 1 尖是切断左右白棋连接的正确对局手法。白 2 逃出，黑 3 争得先手后，黑 5 大飞轻灵。白棋以后处理右侧二子将成为非常沉重的负担。

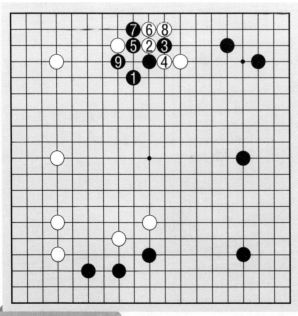

图 6 白连接不可能

图 6　白连接不可能

黑 1 尖，白 2 托意图连接，但不能成立。黑 3 扳，以下到黑 7 立为止，黑棋先手分断白棋，其后黑 9 扳，结果是黑棋形成很厚的棋形，而白棋仍未活净。

第3章

棋形

一、棋形要点

问题1 ▶▶

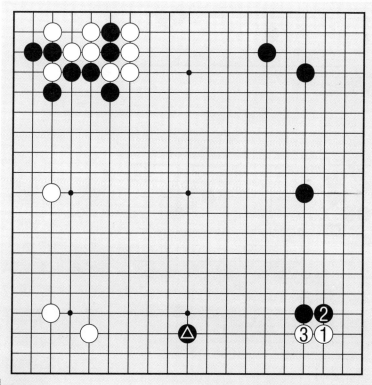

问题1

　　黑先。本图是星位定式中，用黑△扩张势力的棋形。白1点三三是常用的打入手段，黑2挡方向正确。白3长确保眼形，黑棋下一步棋应考虑是在右边成空，还是继续压迫角上白棋扩张势力。

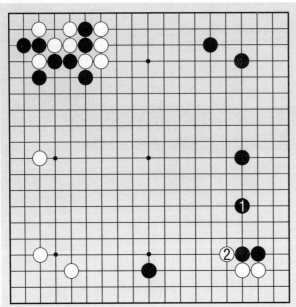

图1 抢占要点

图1 抢占要点

黑1拆二太过消极，被白2扳头，对黑棋不利。白2占据要点，黑子行动不便，效率大为下降。对局时应充分考虑到这种要点中的要点的重要性。

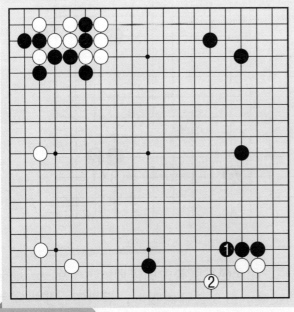

图2 黑棋太软

图2 黑棋太软

黑1长是遵循"敌之要点即我之要点"的原则而采取的手段，但多少有点软弱的味道。周边黑棋已相当厚，这里应采取强硬的手段。黑1时，白2飞，轻易躲闪，结果白棋不坏。

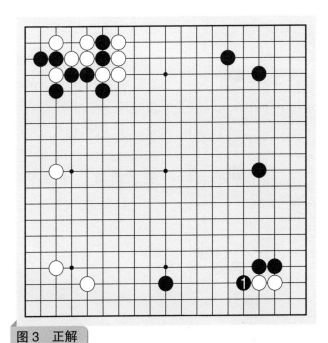

图3 正解

图3 正解

黑1扳头是正确的对局手段。由于黑棋周边势力强大，黑棋应采取这种强硬手段，这样可使黑棋形成强大的外势。

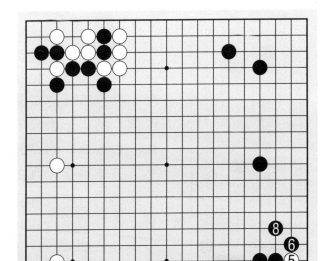

图4 外势形成

图4 外势形成

白1对黑△扳是绝对的一手棋。黑2长，白3爬，白5、7扳接都是正确的次序，黑8虎补住断点。至此白棋先手获得角上实空应无不满，黑棋形成铁壁般的外势也无不满。

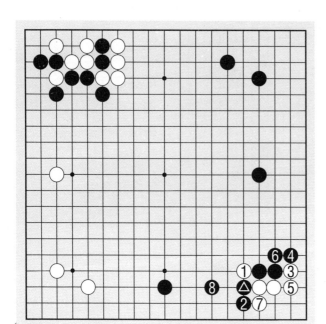

图 5　无理的断

图 5　无理的断

黑△扳头时，白1断是白棋无理。黑2立是有关白棋死活的手法。其后到白7为止，白棋只能委屈做活，黑8补棋。而且白1一子已成为负担。

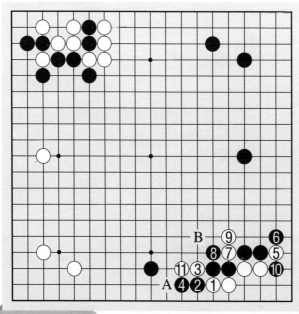

图 6　黑棋难受

图 6　黑棋难受

白1长，黑2扳头，虽是要点，但被白3断后即会变成无理棋。黑4无奈只有长，白5扳、白7打都是追击黑棋无理的正确次序。此后经过双方必然的次序，白11长，黑棋由于有A和B两处缺点，黑棋难受。

问题 2 ▶▶

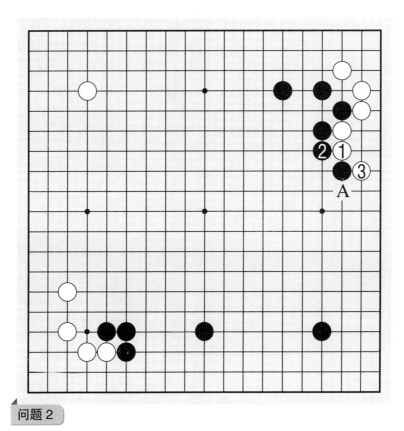

问题 2

黑先。本图是白 1 自寻扳头，黑 2 挡，白 3 扳的棋形。黑棋下一步是按照围棋格言"被打的地方都是要点"而在 A 位长，还是寻求最大限度猛攻对方的下法?

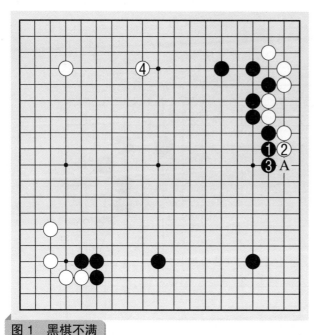

图1 黑棋不满

图1 黑棋不满

黑1长是害怕自身弱点，缺乏气魄的下法。其后白2长，黑3只有长，白4拆牵制外势，结果当然是黑棋不满。尤其是黑棋A位还透着风，因而不可能成大空。

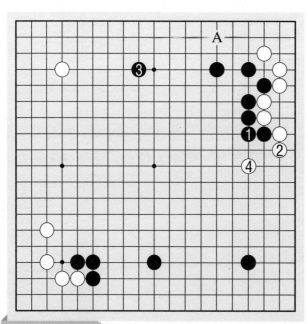

图2 白棋出头

图2 白棋出头

黑1接，白2出头，对黑棋不利，在此布局中应保持从上边至下边形成的黑棋棋形。黑3拆，意图在上边开辟新地盘，但由于在A位还差一手棋，所以价值不大，白4飞出，黑棋不满。

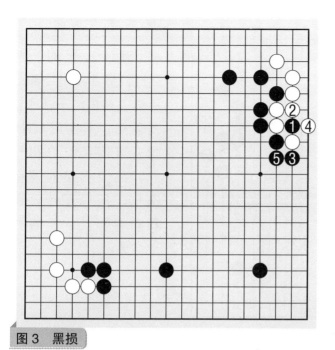

图3 黑损

图3 黑损

黑1、3牺牲一子，补住黑棋，与图1相比，黑棋已封住白棋，是成功的。但是黑弃掉一子仍然有损，应寻求其他手段。

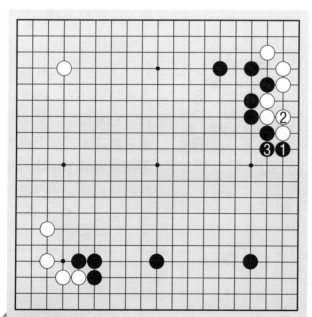

图4 正解

图4 正解

在本图中，黑1连扳是正确的。如此最大限度地攻击对方的弱点，强行封堵的手段是对局要领。如果白2接，黑3也接，这样即可不做出任何牺牲，而将右边成功封锁。黑棋在右边至下边全部形成大模样，对黑棋绝对有利。

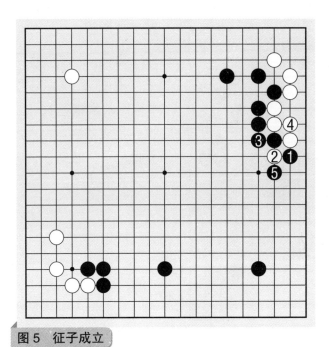

图5　征子成立

图5　征子成立

黑1连扳时，白2打，黑3接是冷静的手法。白棋由于顾忌自身弱点，须在白4补，黑5可以征吃白棋一子，结果仍然对黑棋有利。问题图中，白棋自寻扳头，招致如此结果。

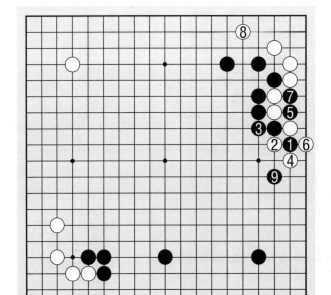

图6　白棋无理

图6　白棋无理

黑1连扳时，白2、4打吃是黑棋过于贪心的体现。黑5双打，白6提子，黑7吃掉白棋二子，角上白棋不可避免后手做活，其后黑9夹攻，白棋将面临苦战。一般情况下，白4会下在5位。

问题 3 ▶▶

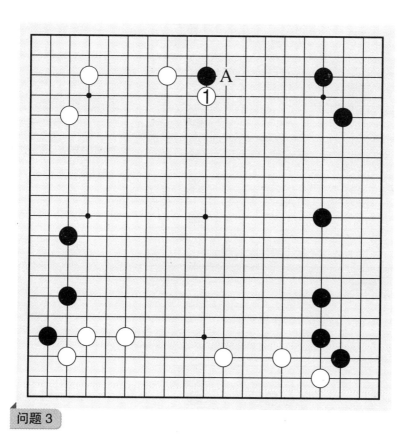

问题 3

　　黑先。本图是白1压，寻求扩张的棋形。当对方靠（即本图中压）过来时，应是必然的手段。如果黑棋不理，而被白A扳，黑棋就出大乱子了。黑棋应仔细考虑扩张右翼黑阵的对局方法。

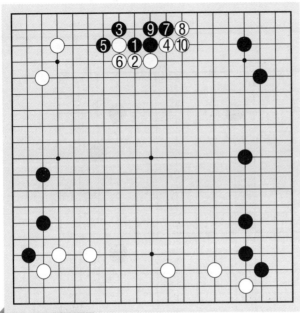

图1 自寻扳头

图1 自寻扳头

黑1顶，自寻扳头不是好手。黑3时，白4扳头是好手。黑5打后黑7扳，白8连扳是强硬的手段。黑9无奈只好接，白10同样接，黑阵被打碎，黑棋不满。

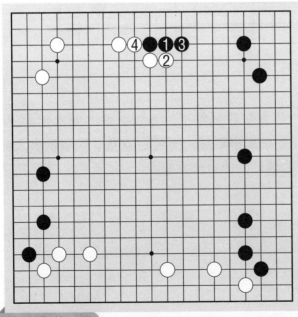

图2 气势不足

图2 气势不足

为了防备白棋扳，黑1长显示出黑棋气势不足。白2压是好手，进行到白4时，左上白阵已比右上黑阵要大得多。这种下法使黑棋大损。

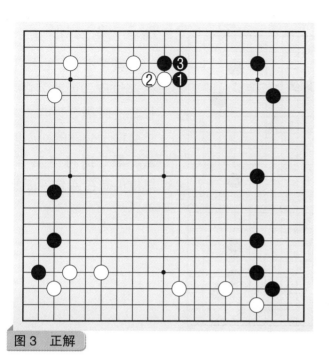

图3 正解

图3　正解

黑1扳是正确的手法。对方靠过来时，一般情况下扳是常识。白2退，黑3接，黑阵要比白阵大得多。

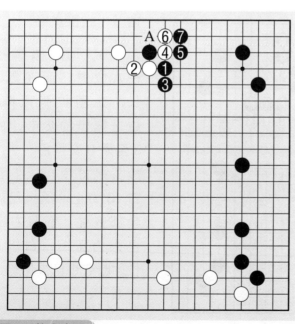

图4　势力中心

图4　势力中心

白2时，黑棋也有长的手段，黑3是重视外势的手段。白4即使断，黑5、7都可先手挡住。其后白棋在A位吃黑棋一子时，黑棋可在其他地方占大场。

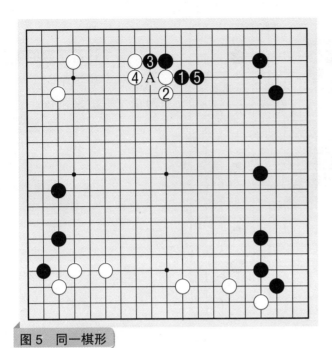

图5 同一棋形

图5 同一棋形

黑1扳时，白棋不在A位应，而改为白2长。这时黑3顶与白4长交换是必然的对局方法。黑5退将棋走牢。黑棋仍有在A位冲断的手段。

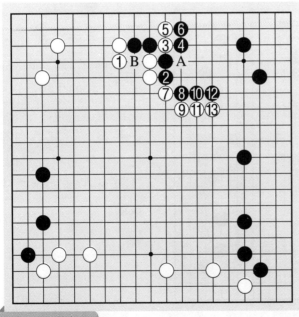

图6 黑棋贪心

图6 黑棋贪心

白1时，黑棋不在A位退，而在黑2长，企图扩张黑阵，这是黑棋的贪心，白3至黑6交换后，白7扳头是好手，以下到白13为止，黑棋已被全部封住，而且右上已大为压缩，白棋B位的断点也已被化解。

问题 4 ▶▶

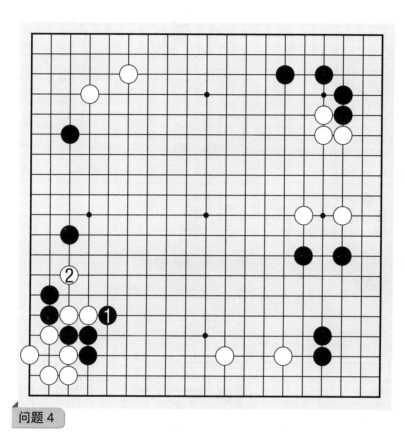

问题 4

黑先。下边已成为黑白双方交战的重点场所。黑 1 扳头先发制人。白 2 跳，如白棋成活，黑棋将被左右分裂，面临一场苦战。目前黑棋只有吃住白棋二子才能避免危机，因此，黑棋行棋的要点在什么地方？

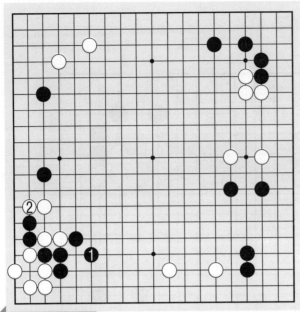

图1 轻易弃子

图1 轻易弃子

黑1虎是准备弃掉边上二子的手段。白2挡，黑棋二子已必死无疑。作为黑棋棋筋的二子，如此轻易被吃住，这对黑棋来说结果难以接受。黑棋应该采取不弃子又能成活的手段。

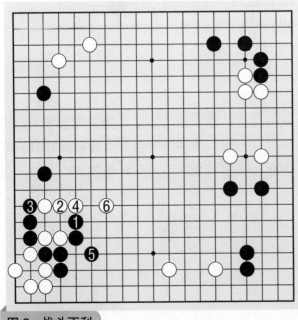

图2 战斗不利

图2 战斗不利

黑1长虽是棋形上的要点，但被白2双整形后，即成疑问手。黑3渡，白4、6向中腹出头，黑棋已被分割，战斗对黑棋不利。

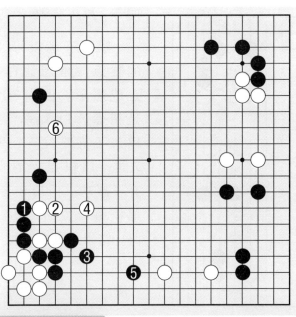

图3　白双是要点

图3　白双是要点

黑1渡过时，白2双有与图2相同的作用。黑3虎补住黑棋断点时，白4跳是好手，黑5飞使下边黑棋安定，白6夹攻击上下黑棋，进展对白棋有利。

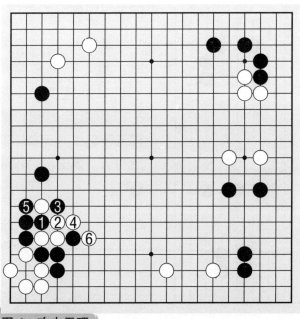

图4　攻击无理

图4　攻击无理

黑1打吃是无理的攻击手段，难以取得好的结果。黑3断，白4长，黑棋征子不成立，非常狼狈。其后黑5渡过，白6打，黑棋大损。

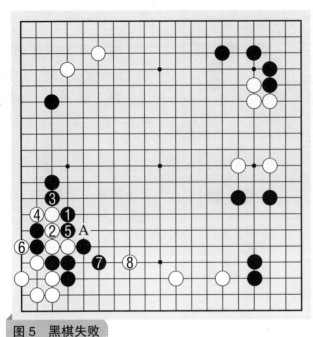

图 5 黑棋失败

图 5 黑棋失败

黑 1 压是棋形上的要点，是想让白 2 走成愚形。但黑 3 顶是错着，白 4 拐，黑棋二子被吃住。到黑 7 时，黑棋虽然看似弃子成功。但白 8 飞，黑棋有 A 位断点的缺陷。结果是黑棋失败。

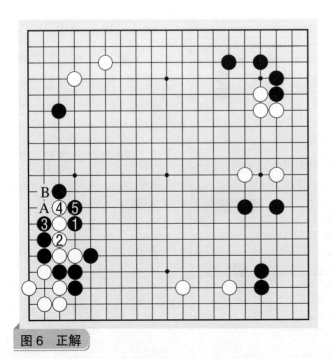

图 6 正解

图 6 正解

黑 1 压，白 2 接时，黑 3 不给白棋任何机会继续攻击是好手，到黑 5 为止，白棋五子已生存无望。其后白 A、黑 B，白棋被通吃。

问题5 ▶▶

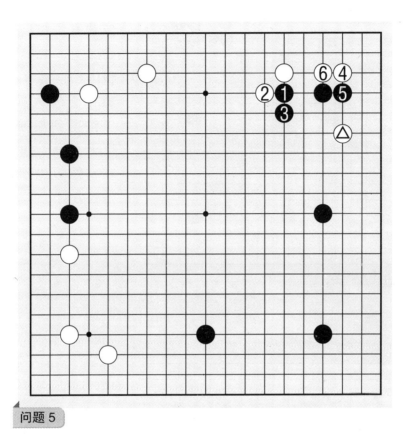

问题5

黑先。右上角定式正在进行，黑棋要形成完整的棋形还需要一手棋。
黑棋在没有定形之前，就匆忙吃白一子，反而会受损，应该慎重决策。
黑棋下一步应下在什么地方？

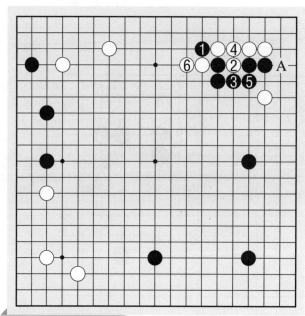

图1 黑棋一无所获

图1 黑棋一无所获

黑1断准备在4位或6位打吃，但被白2挖，白4接，黑棋大损；接着黑5补，白6长是要领。白棋上边得到加强，黑棋一无所获，将来白棋在A位扳仍然是白棋的权力。

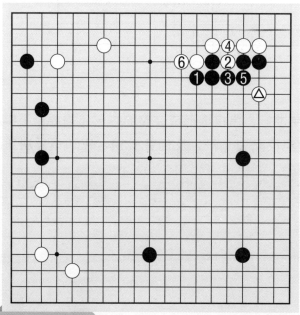

图2 黑棋不满

图2 黑棋不满

黑1是扩张右边外势的手段。但被白2挖，白4接，黑棋只好后手补。白6长以防备被打吃后，白棋棋形很坚固，同时白△仍可利用。上边白棋实利太大，黑棋不满。

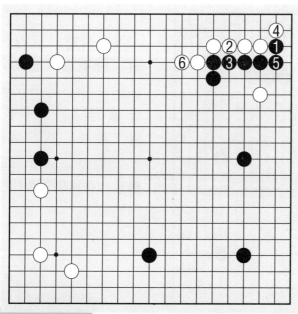

图3　大同小异

　　黑1扳，白棋不直接应对黑1，而是白2接，是冷静的好手。黑3接，白4挡是正确的次序。黑5只好接，白6长，结果和图2大同小异，黑棋不满。

图3　大同小异

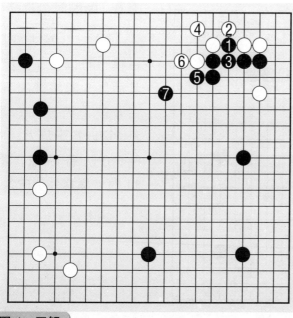

图4　正解

　　黑1挖，黑3接是目前形势下对局的要领，可以制造对方的断点。白4不可避免地后手补。黑5又是双方攻防的要点，白6长，黑7飞扩张外势。纵观全局黑棋外势很大。

图4　正解

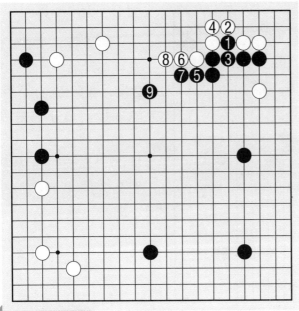

图5 同一要领

图5 同一要领

黑1挖，黑3接时，白4不虎而采用接的手段，黑5仍然长是好手。白6长，黑7再长，然后黑9扩张势力，结果是白棋实利和黑棋外势相抗衡的局面。

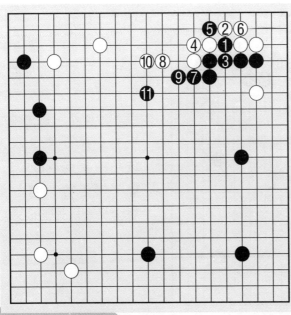

图6 断的时机选择

图6 断的时机选择

黑1、3挖接时，白棋也可以在4位接。其后黑5断是试应手，白6被迫无奈接，黑7长可以扩张势力。白8、10防备断点，黑11时，黑棋外势宏大。

问题6 ▶▶

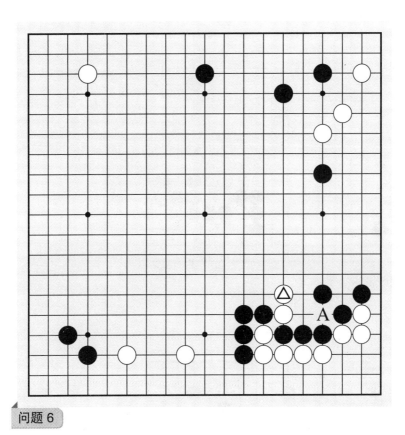

问题6

　　黑先。白△长是手筋，目的是救活白棋一子。白棋如救活此子，必然要经过一番战斗。但黑棋在攻击白棋之前应先补棋。之后围绕白△的攻防战将会成为双方焦点。黑棋最好的应对方法是什么？

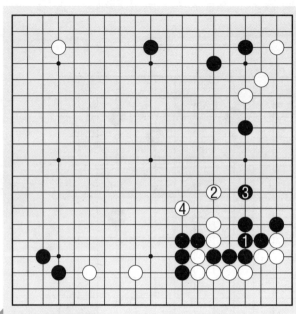

图1 过于消极

图1 过于消极

为防止白棋滚打，黑1补过于消极。白2跳，黑3只好再补，白4攻击左侧黑棋四子，白棋一举占优。

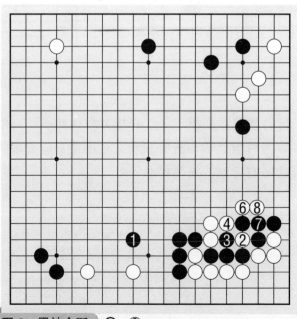

图2 黑被全歼 ❺=②

图2 黑被全歼

黑1是攻击下边白棋的绝好点，但被白2扑，黑棋全被杀死，此棋就无法继续进行下去。白2以后一连串手段都是手筋，我们一定要牢记。

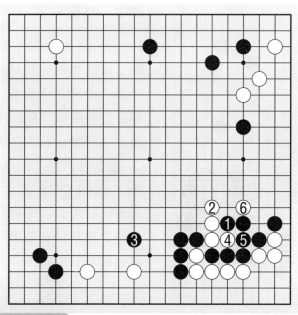

图3 要点

图3 要点

黑1双虽是避免被扑的好点，但是白2长同样是要点，黑棋不好，黑3攻击白棋左侧二子时，白4打，然后白6靠是手筋，黑棋被全歼，不管以后如何变化，黑棋都不行。

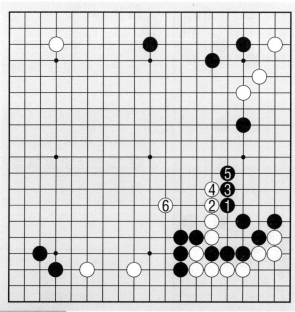

图4 受攻

图4 受攻

黑1尖，到黑5为止，黑棋在追攻白棋的同时，在右边成空。但是白6跳，下边的黑棋四子便受到攻击，并且右边黑棋的空内仍存在致命的弱点。

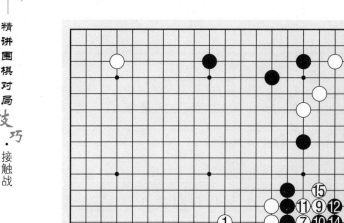

图 5　黑棋难受　❻＝③

图 5　黑棋难受

续图 4，白 1 跳时，黑 2 出头是绝对的手段。白 3 以下至白 7 都是白棋追攻黑棋的手筋。黑 8 后，白 9 尖又是手筋，黑 10、12 抵抗，到白 15 为止，黑棋已很难受。下棋时应避免出现像葡萄串那种易被反扑的棋形。

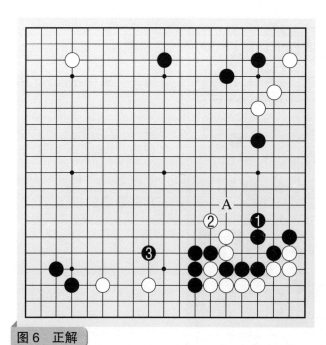

图 6　正解

图 6　正解

黑 1 长是冷静的好手，也是正确的对局手段。白棋不论是在 2 位尖还是在 A 位跳，黑 3 都可利用攻击白棋二子而使黑棋走成好形。

二、整形

问题 1 ▶▶

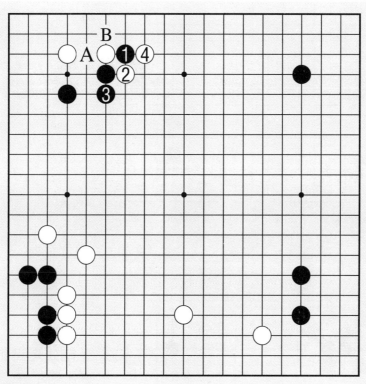

问题 1

　　黑先。本图是高目定式，黑 1 扳，白 2 断，黑 3 长，白 4 打吃黑棋
一子。黑 3 也可以先在 A 位打，白棋在 B 位长，然后黑再在 3 位长。其
后，黑棋应利用白棋弱点整理棋形。征子对黑棋有利。

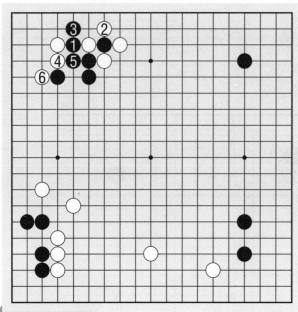

图 1　黑棋失算

图 1　黑棋失算

黑 1 打后，黑 3 立的目的是以牺牲黑棋一子而占取角地，但这不能称为好的对局方法。其后白棋利用黑棋的断点，至白 6 成功求活后，黑棋失算。

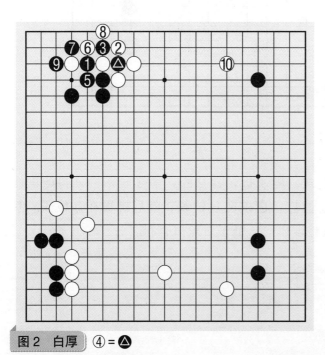

图 2　白厚　④＝△

图 2　白厚

白 2 时，黑 3 打，强行处理黑棋，结果要比图 1 好。白 4 接，以下到黑 9 为止，黑棋按当初设想占据了角，但是白棋以厚势为背景，在 10 位挂，全局来看，白棋活跃。

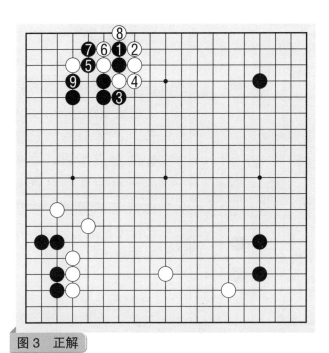

图3　正解

图3　正解

一般来说，在三线上被打吃，应长，这也要视情况而定。黑1长是这种棋形下最好的手段。白2挡，黑3先手利用，到黑9为止，黑棋已不留余味地占据了大角，结果是黑棋满足。

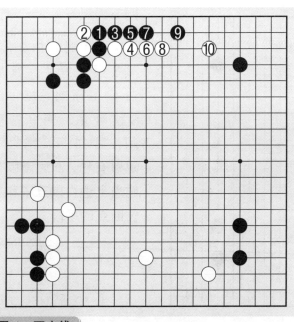

图4　死亡线

图4　死亡线

黑1长，白2挡在另一侧，棋形就复杂了。在二线上黑3、5、7连续爬是大恶手。白棋不急不躁，白4、6、8长，同时建立外势，由于二线有死亡线之称，如此这样爬，对黑棋不利。

139

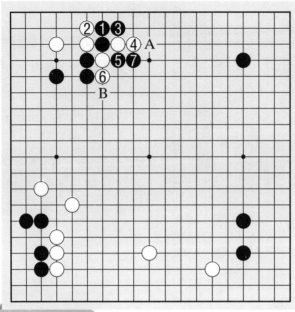

图 5　白棋混乱

图 5　白棋混乱

黑 1 长，以下进行到白 4 时，黑 5 打是很重要的手段。白 6 长时，黑 7 是早已准备的对应手段，白棋由于有在 A 和 B 两处被征吃的可能，白棋已经无法应对。这种棋形实战中经常出现。

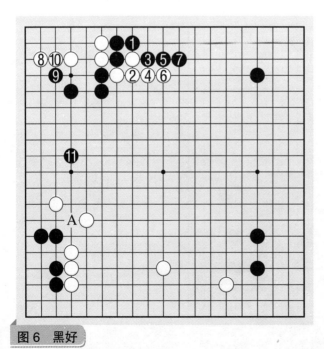

图 6　黑好

图 6　黑好

黑 1 时，白 2 接，黑 3 扳是好手。其后白 4、6 压制黑棋，白 8 跳补角，黑 9 先手刺，黑 11 拆，结果对黑棋有利。此后黑棋有瞄着上边白棋五子和 A 位断点的手段。

问题 2 ▶▶

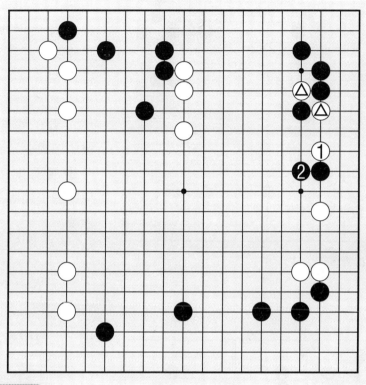

问题 2

　　白先。白棋如何处理上边白△二子已成问题，白 1 靠是试应手，黑棋顾忌到各种变数，于 2 位长。但是黑 2 长并非最好的手法，白棋欲利用这一机会整形。白棋下一步棋应如何下？

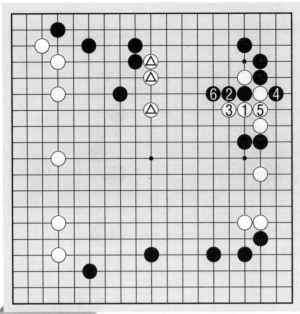

图1 白棋失算

图1 白棋失算

白1打、3长虽然是占据了虎的要点，但在此棋形中，不是正确的对局手法。黑4打，白5接，白棋走成愚形，白棋心情很坏。黑6长继续对白棋施以攻击，并使白△子走成弱棋，两处白棋将会受到黑棋的反复欺凌。

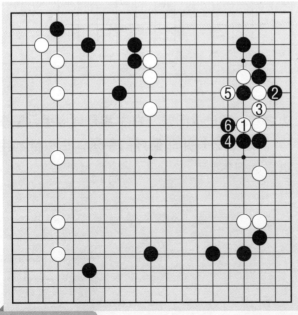

图2 白棋愚形

图2 白棋愚形

白1长，黑2打，白3接，黑4长。白5打的目的是想吃掉黑棋一子，但由于已被黑2占了便宜，黑4长又是绝好的次序，这种结果对白棋不利。到白5为止，白棋虽然达到了预定的目的，但是走成了很重的愚形。黑6曲继续追攻，白棋疲于奔命。

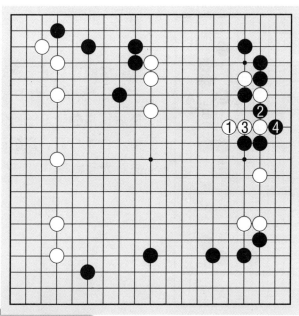

图3 黑棋满意

图3 黑棋满意

白1单跳的目的是想把棋走轻，但被黑2打很难应对，随后白3连，黑4扳过，白棋一无所获，这种结果黑棋满意。

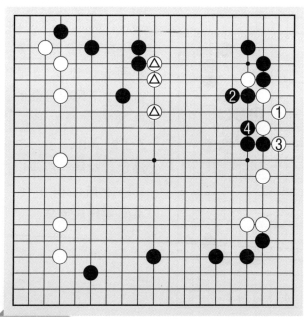

图4 黑厚

图4 黑厚

白1尖是富有弹性的对局手法，目的是利用白3扳过或在2位打。但是黑2长是考虑了边上的变化而采取的沉着手段。到黑4为止，黑棋已走成厚形，并伺机攻击白△子，黑棋满足。

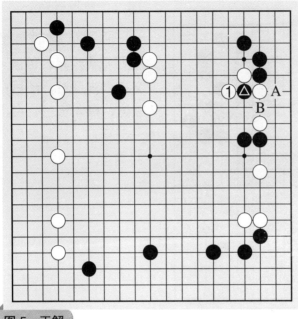

图5 正解

图5 正解

本图中，白1打，试黑棋的应手是正确的手段。黑A、白B交换后，黑△已无任何价值。白1打后，黑△已生存无望。

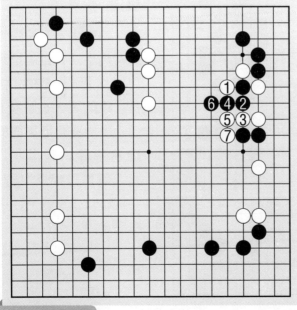

图6 上下分断

图6 上下分断

白1打吃，黑2无奈长，白3、5是准备将上下黑棋分断的正确次序，黑6长，白7压制黑棋二子，白棋满足。对局时应牢记白1打吃后，白3、5是分断黑棋的要领。

问题 3 ▶▶

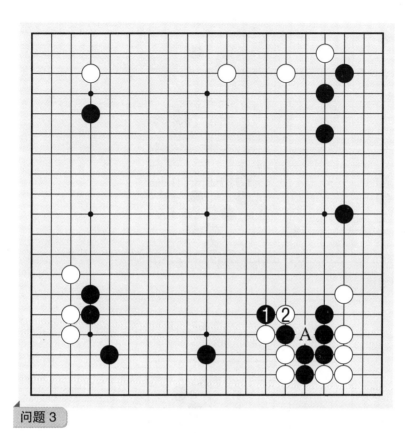

问题 3

　黑先。本图是黑 1 扳、白 2 打的棋形。黑棋如在 A 位接，将会形成葡萄串式的恶形，非常不好。黑棋如何才能避免这种恶形？

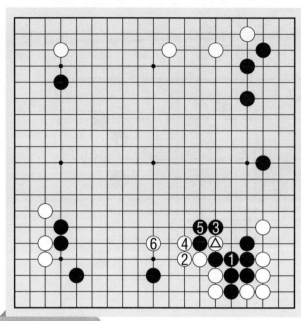

图1 白棋满足

图1　白棋满足

白△打时，黑1接走成愚形，白2长是冷静的手段，到白6为止，白棋已整形完毕，白棋满足。

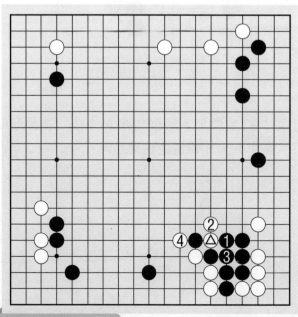

图2 黑棋过于堆砌

图2　黑棋过于堆砌

白△打时，黑1反打，形成打劫。但白2长是冷静的好手，黑棋不利。黑棋考虑到初盘缺少劫材而黑3接，白4打，黑棋棋形过于拥挤，白棋棋形非常厚。

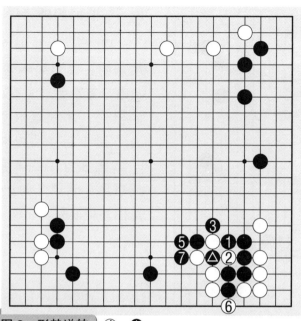

图 3　形势逆转

　　黑 1 造 劫 时，白棋不长，而是白 2 提子，这是白棋的大失着。黑 3 打是好手。白 4 接，黑 5 长，至黑 7，白棋走成愚形，而黑棋却很厚，将白棋完全封锁。

图 3　形势逆转　④ = ▲

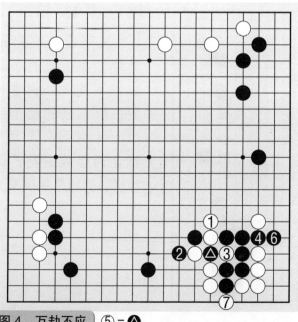

图 4　万劫不应

　　白 1 长 时，黑 2 打意在造劫。白 3 提，黑 4 利用本身材，但白棋此时万劫不应，于白 5 接，黑 6 立，白 7 渡过，全局来看仍是白棋棋形厚。

图 4　万劫不应　⑤ = ▲

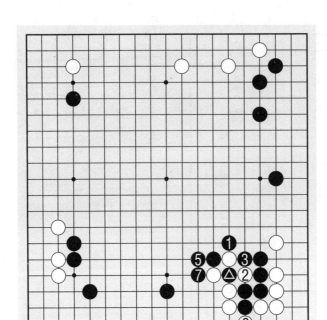

图 5　坚固的外势　④＝△

图 5　坚固的外势

黑 1 反打是避免愚形的正确对局手法。只有尽量避免走成不好的棋形，才能增长棋力。黑 1 后，白 2 提子，黑 3 打，白 4 接成愚形，到黑 7 为止，黑棋外势很厚。

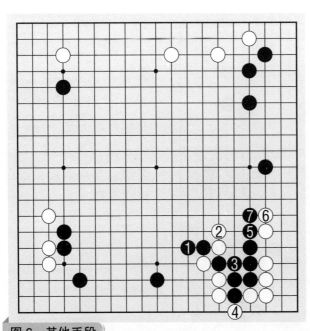

图 6　其他手段

图 6　其他手段

黑不在 2 位打而单纯地黑 1 长的手段也是可能的。白 2 长是白棋当然的反击手段。其后黑 3 至黑 7 都是预想的进行，这种棋形仍然是黑棋厚。

问题 4 ▶▶

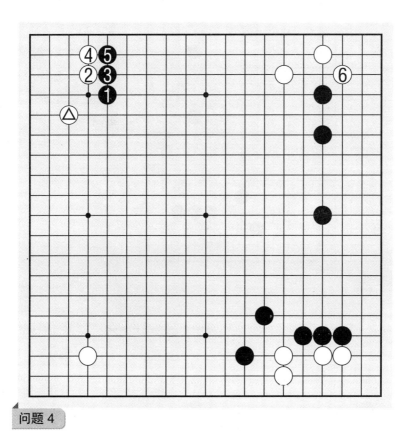

问题 4

黑先。左上角进行到黑 5 时，白△由于可以向边上发展，而黑棋对此也束手无策，所以白棋脱先，选择白 6 尖取实地。事实上并非如此，黑棋如何利用白棋的大意而使自己有利，同时又应以什么样的手段实现才正确有效？

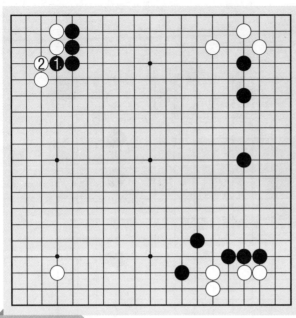

图1 大恶手

图1 大恶手

黑1冲与白2交换后，自然消除白棋的余味，是大恶手。在棋局发展不明确时，就轻易定形，大部分都不好。

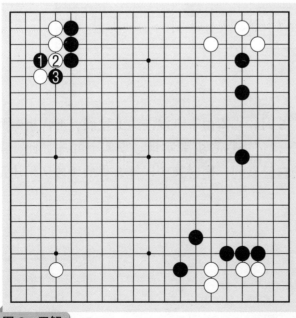

图2 正解

图2 正解

黑1跨是攻击白棋弱点的好手，白2只好冲，黑3断，白棋棋形有很多缺陷，完全可以对白棋进行彻底的攻击。

图3 外势的形成

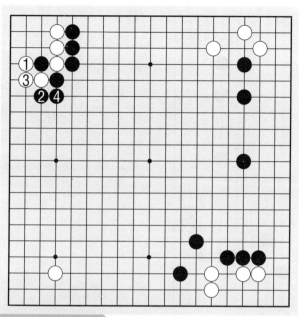

图3 外势的形成

白1打吃黑棋一子，黑2、4形成外势，白棋虽然取得了实空，但黑棋外势强大，黑棋有利。

图4 先手

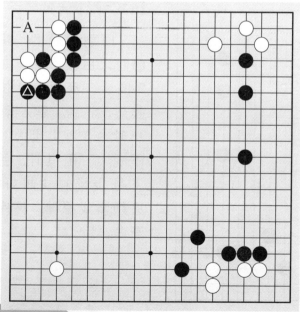

图4 先手

黑△挡是准备在A位刺白棋。在布局阶段还没走几步棋，就遭此磨难，白棋无法忍受。

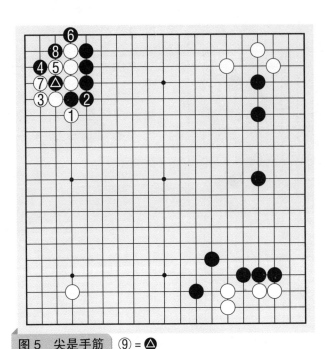

图5 尖是手筋 ⑨ = △

图5 尖是手筋

黑棋跨断时，白1
打，白3长是反抗的
手段，但是黑4尖是
手筋，到白9时，黑
棋不但使白棋走成愚
形，而且还占据了角
上实地。

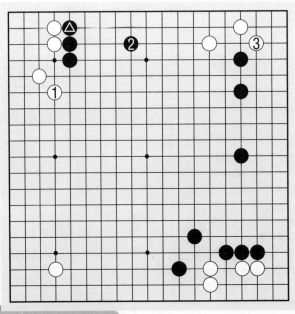

图6 形状上的要点

图6·形状上的要点

回到问题图，黑
△时，白棋不急于在
3位尖，而是在1位
整形，正确。黑2拆，
那时白3再尖也为时
不晚。下围棋时，并
不是步伐越快越好。
必须步伐稳健，循序
渐进。

问题 5 ▶▶

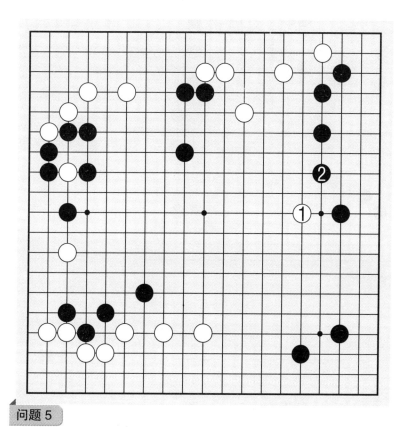

问题 5

　　白先。白 1 镇是消黑棋外势的要点。黑 2 飞，补住弱的一侧。白棋所镇的一子应具备什么样的形态，才能既不使右边的黑棋壮大，又不把自身走重？

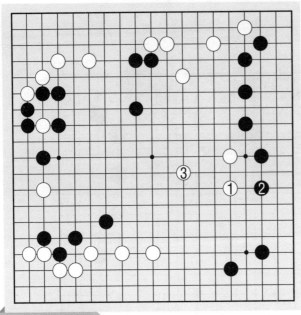

图1　所获甚微

白1单跳，黑2拆巩固黑棋，白3飞是过于求活的手段，这种行棋手法是在消对方外势非常强的大模样时常用的手法。但本图中白棋所获甚微，白棋不满。

图1　所获甚微

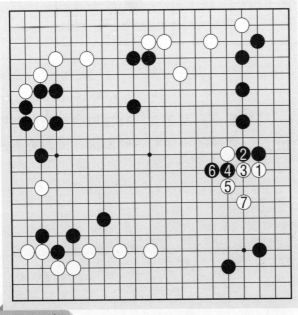

图2　正解

白1靠是要点。由于右上角的黑棋已足够强大，即使再使黑棋走厚，白棋也不会受损。黑2顶、4断，白5打、7虎，白棋具备了一些规模。

图2　正解

图3 征子不利

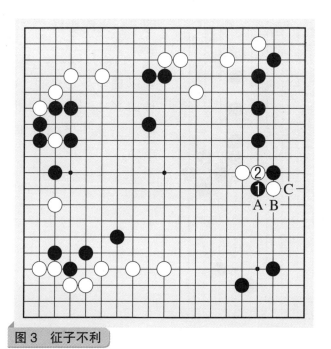

图3 征子不利

黑1扳，白2断时，由于黑棋在A位征子不利，所以黑1扳是无理的。其后黑B打，白C立下，黑棋不行。

图4 常用的断

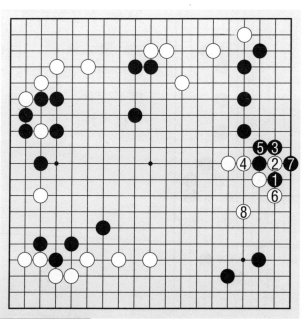

图4 常用的断

黑1下扳，白2断是常用的处理手段。黑3到白8为止，上边黑棋虽得以巩固，但白棋可以得到好的形状，结果白棋满意。

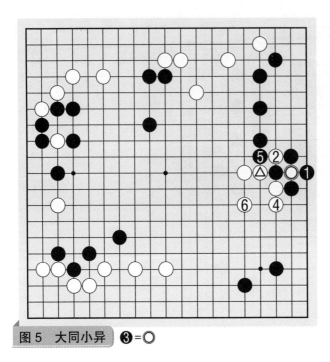

图 5 大同小异 ❸=○

图 5 大同小异

白△打吃时，黑 1 可以提子。白 2 打、4 长，黑 5 补，白 6 也补，结果与图 4 大同小异。

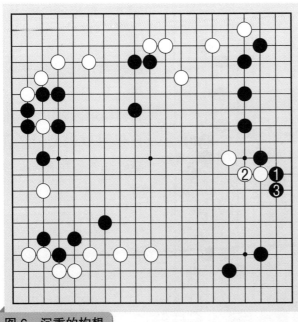

图 6 沉重的构想

图 6 沉重的构想

黑 1 扳时，白 2 连，黑 3 长，白棋的棋形变重，负担很大，白棋不好。

第4章

出头与封锁

问题1 ▶▶

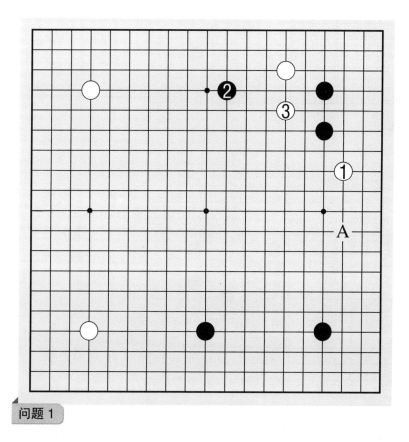

问题1

黑先。白1的目的是不让对方飞，但多少有点贪心。本图是黑2攻，白3出头的棋形，黑2也有可能从A位夹攻白1。现在的问题是黑棋下一步棋该如何下？在这种情况下，最有效的对局方法是什么？

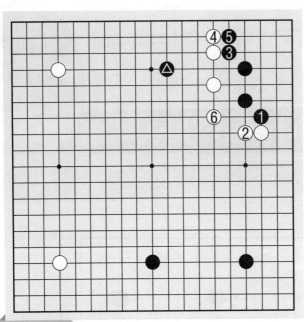

图1 恶手

图1 恶手

黑1、3尖顶对方的棋是恶手。黑1、3虽能稳获角上的实利。但白2、4后，白棋已完全走厚，到白6为止，黑棋已完全被封住，黑棋形势不好。黑棋在攻击白棋时，反而使黑▲处于被攻的境地。

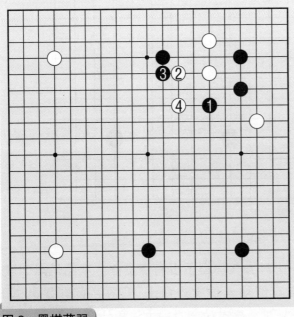

图2 黑棋薄弱

图2 黑棋薄弱

黑1飞的目的是分割并攻击白棋，但因其自身棋形太薄，不能取得好的效果。白2尖，黑3长，白4跳是白棋非常轻灵的对局下法。

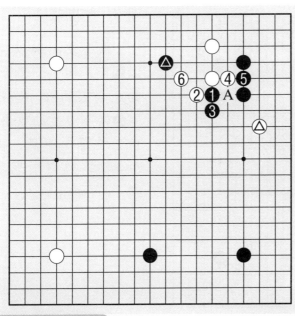

图3 黑棋有缺陷

图3 黑棋有缺陷

黑1靠的目的是巩固自己，攻击白△，但应知道在靠对方的棋子而加强自身的同时，也会使对方得以巩固。以下到白6为止，黑棋虽得以巩固，但是黑△一子已无任何价值，并且黑棋还有A位被断的负担。

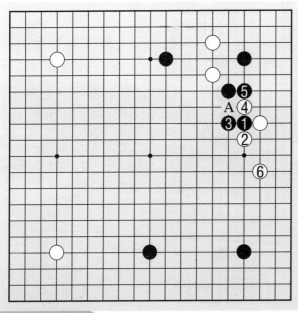

图4 黑棋不满

图4 黑棋不满

黑1靠的目的是巩固右侧黑棋，并攻击上边白棋二子，但白棋走到白6时，右边白棋已先成空。黑棋不能接受，由于黑棋有A位的弱点，对白棋二子的攻击也会不尽如人意。黑棋不满。

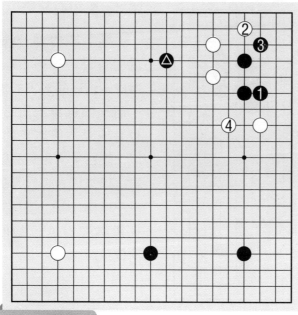

图5 黑棋消极

图5 黑棋消极

黑1立，确实可以围空，但过于消极。如此消极防守，当初黑▲就不应发动攻击。白2取得先手后，再白4跳。黑棋棋形萎缩，而白棋活跃。

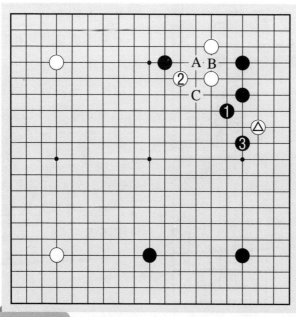

图6 正解

图6 正解

黑1尖是本图中正确的对局手法。白2跳，黑3飞压制白▲一子。白棋如果想于3位尖救活白▲子，黑A、白B、黑C，白棋更加不利。

问题2 ▶▶

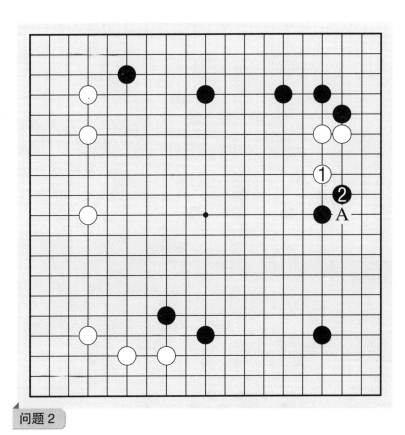

问题2

　　白先。本图是白1跳，黑2破白棋根地的棋形。白1是伺机向中腹出头和A位托的对局手法。黑2是必然的手段，一方面阻止白棋在A位托，一方面寻求自身的安定。现在白棋应向中腹出头，那么最恰当的方法是什么？

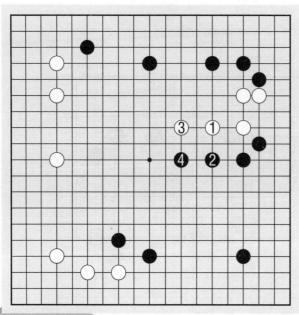

图 1 动作迟缓

图 1 动作迟缓

白 1 跳出是逃跑时常用的方法，但是动作过于迟缓。黑 2、4 跳，在攻击白棋的同时，又可扩大右下边的势力。白棋只是一味狼狈逃窜。因此白棋应该考虑到黑棋势力的膨胀，并采取相应的对策。

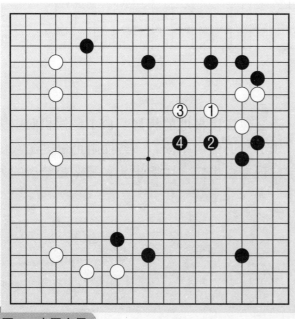

图 2 大同小异

图 2 大同小异

白 1 飞也是逃跑时经常使用的手段。但是动作仍然过缓，会连续受到黑棋的攻击。白 1、3 逃跑，黑 2、4 追。白棋在被追攻的同时，黑棋相反却扩大势力。结果当然对黑棋有利。

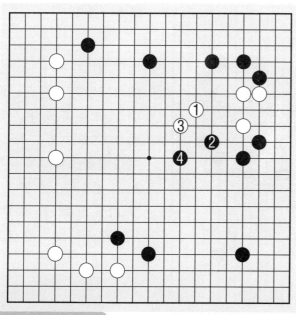

図3 攻击的效果

图3 攻击的效果

白1大飞，但由于动作太大，而有被断的缺点，因而在逃跑时不常被使用。黑2是攻击白棋的有效手段，白3虽使白棋具有一定形状，但黑4继续攻，使黑棋下边势力急剧扩大。

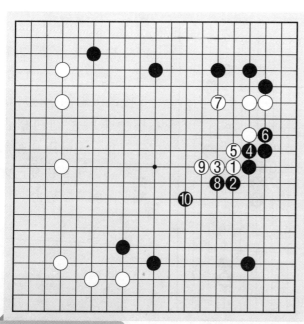

图4 黑棋气势宏大

图4 黑棋气势宏大

白1靠的手段也很容易被使用，但黑2、4、6是进攻的关键，黑棋不给白棋任何喘息机会。白7跳至黑10飞，右边一带全被黑棋占有，黑棋当然占优。

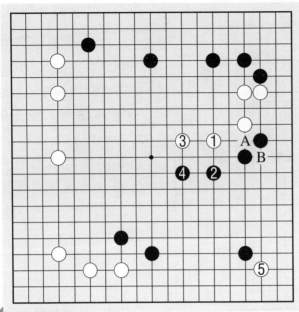

图5　正解

图5　正解

白1飞是最大限度地牵制黑棋的手段。虽然白棋也存在弱点，但由于白A是先手，黑须防白B位断，所以白棋棋形仍算坚实。黑2、4虽能扩张势力，但白5点角是好手，黑棋已无特别大的空。

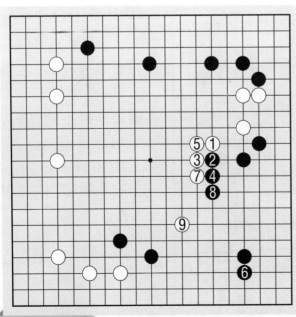

图6　压缩黑棋

图6　压缩黑棋

白1飞，黑2靠寻求变化时，白3扳、5接是沉着的手段。黑棋由于顾忌到白棋占三三角，因而黑6在角上补，白7到白9已大幅度削弱黑棋势力。

问题 3 ▶▶

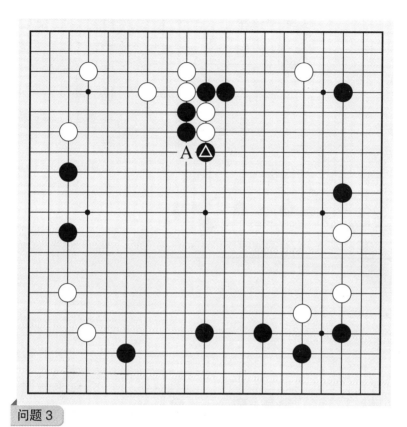

问题 3

白先。本图是黑⚫扳头的棋形。如让白棋在 A 点扳则双方差距很大。目前的问题是白棋如何才能救活二子，而且这二子因是棋筋，必须救出。白棋应选择什么样的手段才能既不匆忙逃跑，将棋形走坏，又能兼攻上边的黑棋二子？

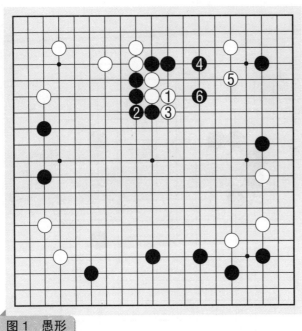

图1 愚形

图1 愚形

白1长，避免黑棋打，会使棋走成愚形，白棋不利。黑2接是冷静的好手，白3拐，黑4、6将白棋分割进攻，白棋战斗不利。注意在对局时应尽量避免出现愚形。

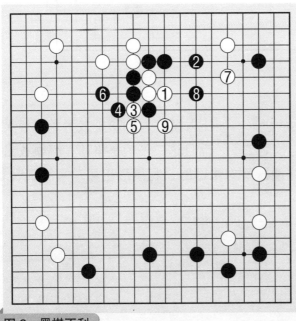

图2 黑棋不利

图2 黑棋不利

白1长时，黑棋不接而改为跳攻白棋，被白3断后，黑棋不利。黑4、6整理棋形，白7跳，黑8追，白9罩，黑棋反而战斗不利。

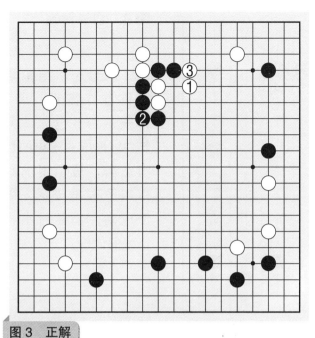

图3　正解

图3　正解

白1跳是正确的手段。白1整顺棋形后，黑2只好接，白3挡，攻击黑棋二子而告一段落。

图3　正解

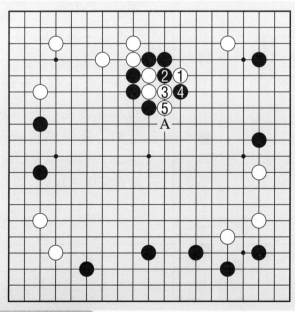

图4　无理的断

白1跳时，黑2冲断，以下至黑4断打，黑棋无理。白5逃时，黑A征子不成立。黑棋这种棋形到处都是断点，很难收拾局面。

图4　无理的断

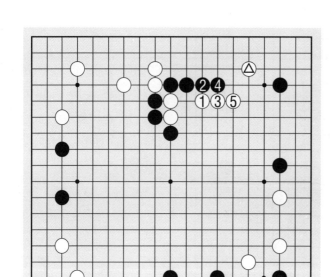

图5 自寻封锁

图5 自寻封锁

白1跳，黑2长，白3跟着长，结果是黑棋自寻被封。黑4再长，白5也长，并与白△形成对黑棋的包围态势，被包围的黑棋四子很难成活，即使成活，也要付出相当大的代价。

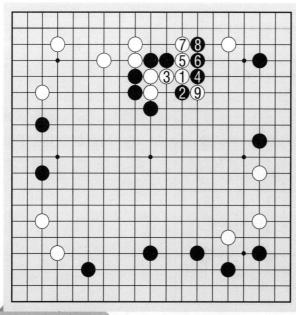

图6 不利的战斗

图6 不利的战斗

白1跳，黑2飞虽然是棋形的要点，并诱使白棋走成愚形，到黑8为止，白棋被分割，看似黑棋获得成功，但白9断，战斗对黑棋不利。

问题 4 ▶▶

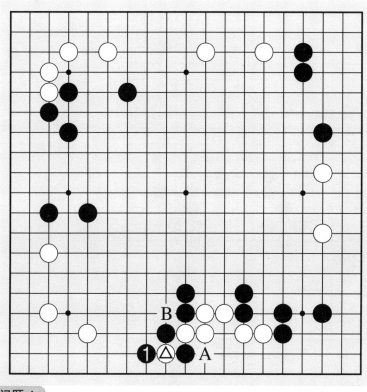

问题 4

　　白先。本图是黑 1 打吃白棋⊖一子的棋形。现在白棋应做出抉择，是在里面做活有利，还是冲出去更有利？在里面做活，可用 A 位打吃的手段；向外冲则有利用 B 位断点的手段。

图1 生不如死

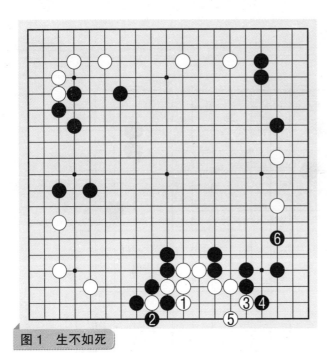

图1 生不如死

在布局初期就被迫两眼做活，十有八九对自己不利。白1打吃，接着白3、5求活，是狭隘的行为。黑棋先手提子后，黑6拆补断点，并且伺机攻击白棋二子，白棋不利。

图2 无根

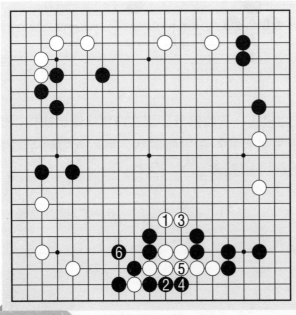

图2 无根

白1单跳是谋求向中腹发展的有力手段。但黑2掏去白空，并且破坏白棋眼位，由此来看，白1不是好手。白3双，黑4爬直至黑6，白棋成为没有根地的大龙。

图 3　愚形

同样是出头，白 1 走成愚形则非常不好。黑 2 扳是毫不留情的严厉手段。其后白 3 至白 9 使黑棋走得相当厚，而且白棋自身逃跑也很勉强，黑 10 打后，白棋形势非常不好。

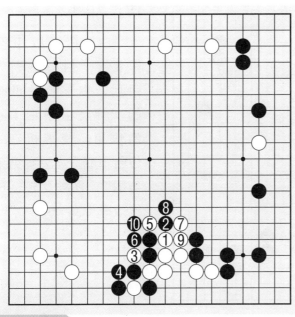

图 3　愚形

图 4　受攻

白 1 跳企图向中腹出头，黑 2 提掉白棋一子是非常冷静的手段。白 3 双补断点，黑 4 飞，白棋仍然处于黑棋的攻击范围内。

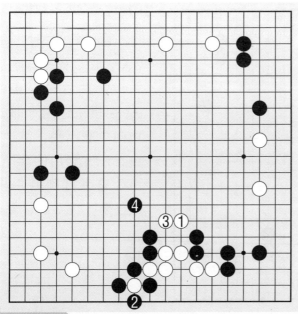

图 4　受攻

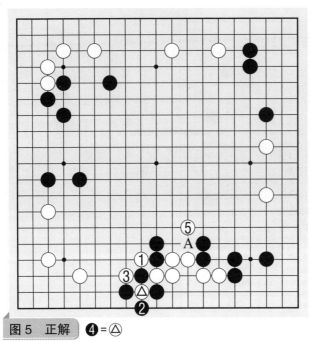

图5　正解　❹=△

图5　正解

白1打，以下至黑4接，白棋得到先手后，白5跳是正确的次序。由于白1断的作用，使黑棋在A位断不成立。这种结果与图2、图4比较，白棋效率更高一点。

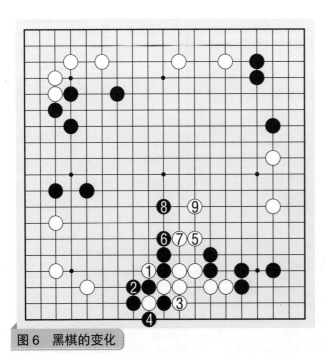

图6　黑棋的变化

图6　黑棋的变化

白1打吃时，黑2接，白3先手打吃是关键。其后白5至白9，白棋未遇困难即成功向中腹出头，其中，白1还有利用的余地。白3先手打则是白棋的自豪。

问题 5 ▶▶

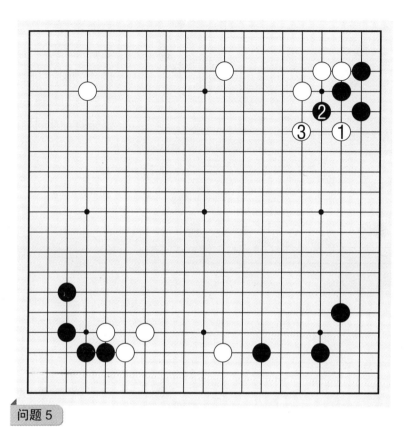

问题 5

黑先。白 1 是黑棋虎的位置，对黑棋形状很重要。黑 2 尖出是必然的手段，白 3 封阻止黑棋出头。白棋断点很多，现在黑棋如何利用白棋的弱点，通过正确的次序出头很重要。

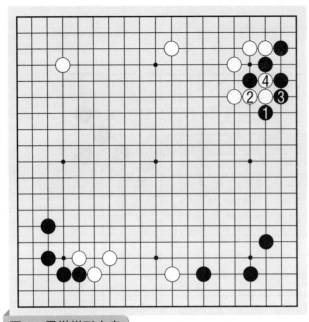

图1　黑棋棋形太扁

黑1靠是准备在2位断或在3位渡过。但是白2接、4挤都对黑棋不利。到白4为止，黑棋被压在低位，白棋很厚，形状很满意。

图1　黑棋棋形太扁

图2　帮对方走棋

黑1单纯地长，准备出头，白2接，补住断点很重要，其后黑3冲，虽能制造对方的弱点，但由于自身存在接不归，黑5自补使黑棋很痛苦。白6接，到白8为止，白棋棋形很理想。

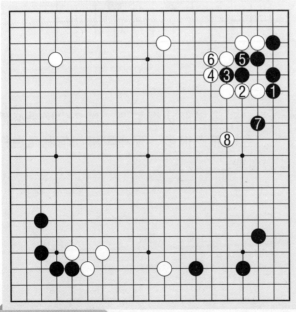

图2　帮对方走棋

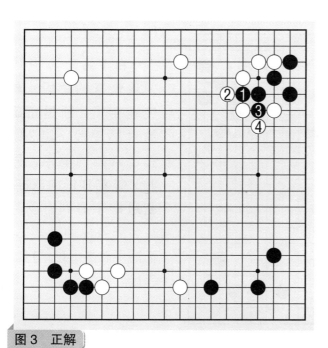

图3 正解

图3　正解

黑1、3冲，制造对方断点是这种棋形中正确的对局要领。到白4为止，是绝对的次序，黑棋由于气紧，下一步应手非常重要。黑棋应该寻求不使白棋巩固的处理方法。

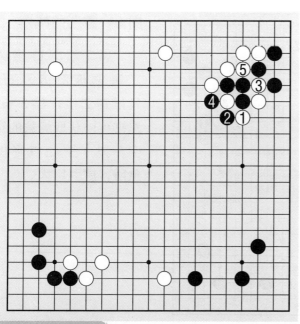

图4　轻率的手段

图4　轻率的手段

白1挡时，黑2打是轻率的手段，白3利用黑棋气紧制造接不归。黑4提，白5双打，黑棋大损。

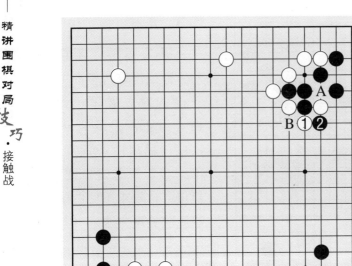

图5　正解

图5　正解

白1后，黑棋因为珍惜打的手段，单纯地在黑2断是正确的对局手段。黑2既补了A位的弱点，同时又瞄着B位的双打。初级棋手遇到打吃往往会无条件地打上去，而高手总是很珍惜打的手段。

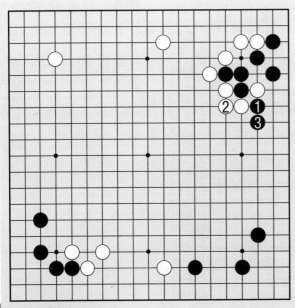

图6　急所的威力

图6　急所的威力

黑1断，白棋为了避免被对方双打，只好白2接，黑3长，黑棋可以获取满意的实空。黑1是此棋形的急所，威力巨大。

问题 6 ▶▶

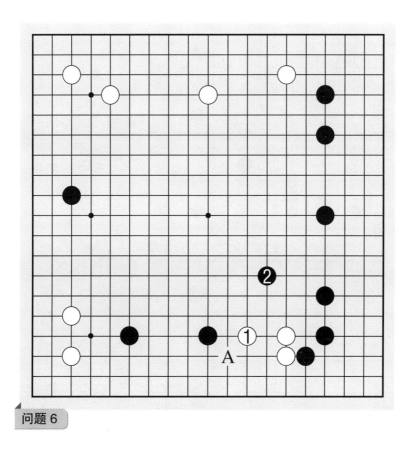

问题 6

白先。本图是白 1 跳、黑 2 罩的棋形。黑 2 一般情况会下在 A 位破白棋眼位，而黑 2 是扩张黑棋，伺机进攻的绝好点。现在白棋用什么方法才能冲出重围？

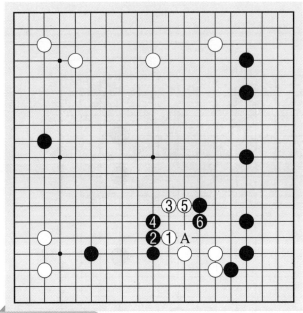

图1　错误的尖

图1　错误的尖

白1尖力量过小，不是很恰当的对局手段。黑2挺头是很有力量的手法。其后白3、5出头，黑4、6占据要点，白棋大龙仍是孤棋。此时如果白棋脱先，黑棋则会在A位卡断白棋。

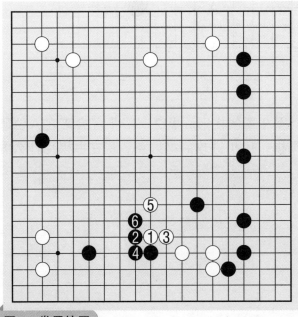

图2　常用的压

图2　常用的压

白1压是白棋出头的常用手法。黑2、4之后，白5出头很重要，但是黑棋占据棋形上的要点。黑6后，白棋仍然处于被攻的状态，而且黑2、4使很弱的下边得以加强，白棋无论如何不会满意。

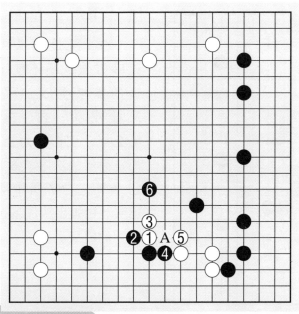

图 3　黔驴技穷

图 3　黔驴技穷

图 3　黔驴技穷

白 1 压，黑 2 扳，白 3 长的手段也可考虑。但是黑 4 顶造成白棋 A 位的弱点后，黑 6 镇，白棋受攻，棋形很苦。白 1 压的手段在这种情形下不成立。

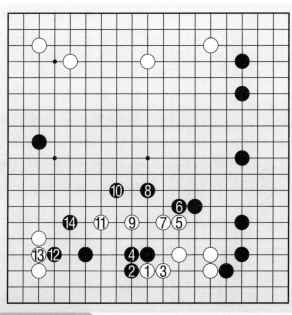

图 4　片面守势

图 4　片面守势

白 1 托，想尽快安定自己。但白 1、3 使黑棋得以加强，而且自身仍不完整，白棋不满。其后白棋由于无法忍受中腹被封，必须出头，到黑 14 为止，白棋已被赶向一侧。

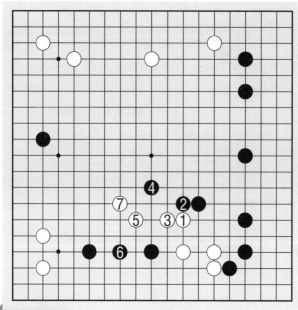

图5 正解

图5 正解

白1跳是出头的正确方法，既不使下边的黑棋得以加强，又能出头。白1跳，黑2挡，到白5为止，都是必然的次序，黑6后手补，白7向中腹出头。白棋出头流畅是白1的成果。

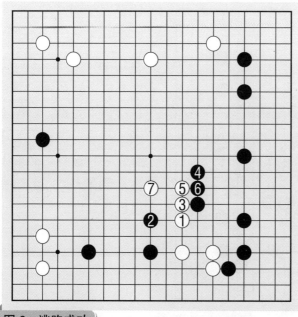

图6 逃跑成功

图6 逃跑成功

白1跳，黑2追，白3长非常重要。黑4跳，白5占据黑棋虎的位置，黑6接，白7跳，白棋以良好的姿态成功出头。右边黑棋看似实空很大。但只不过是一条边而已，并且下边黑棋还很薄，白棋完全可以与黑棋抗衡。

问题 7 ▶▶

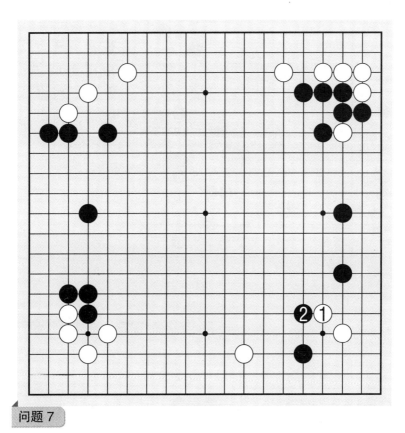

问题 7

白先。本图是白 1 尖，黑 2 靠的棋形。现在白棋的出头已成问题，怎样行棋才最佳？第一步棋很重要，但同时也要考虑到下一步棋。

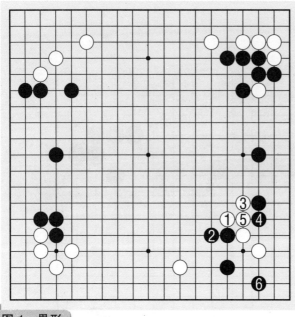

图1　愚形

图1　愚形

白1扳，黑2长，白3虎是短视的下法。被黑4先手利用后，白棋走成愚形。黑6之后，白棋的根已被破坏，白棋已成为一块浮棋。

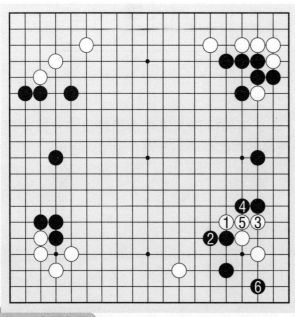

图2　大同小异

图2　大同小异

白1、3虎，结果和图1大同小异。白5接，白棋走成愚形。黑6飞后，白棋仍成为一块浮棋。这块白棋在获得安定之前还须做出很多牺牲。

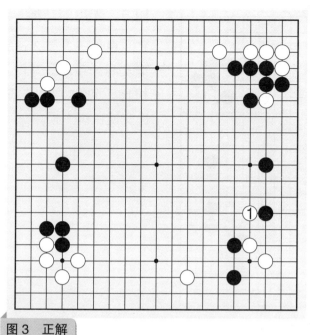

图 3 正解

图 3 正解

白 1 压是出头的要
点。白棋可以根据黑棋
的应手，再决定下一步
的手段，以避免愚形。

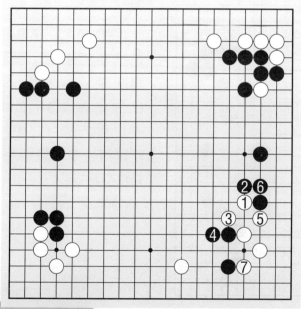
图 4 自我安定

图 4 自我安定

白 1 压，黑 2 扳是
最普通的应手。白 3、
5 得到先手后，白 7 尖
顶，不仅可以取得角上
很大的实地，而且还可
自我安定。

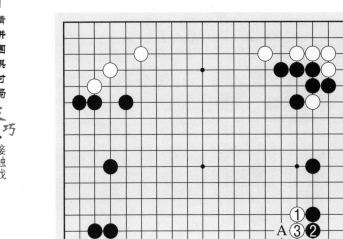

图5　无用的交换

图5　无用的交换

白1压，黑2长是取实利的手段。与图1相比，可知白A与黑B交换白棋大损。

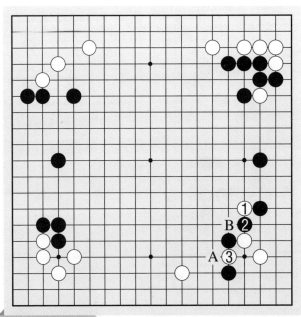

图6　黑棋无理

图6　黑棋无理

白1压，黑2挖是强硬的手段，但黑棋无理，白3挖，伺机占据A或B，黑棋不成立。如白B先打吃，再白3冲是俗手，白棋受损。

问题 8 ▶▶

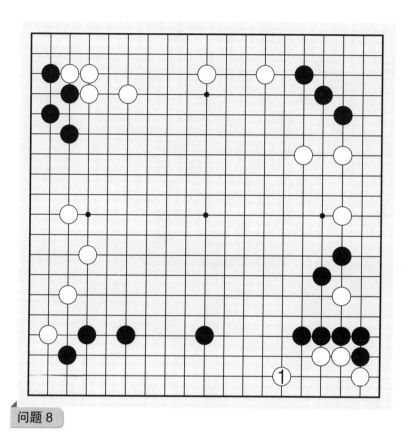

问题 8

黑先。本图是白 1 飞出头的棋形。黑棋无法容忍白棋在自己最大阵地中放肆。如果能利用白棋棋形上的弱点而阻止白棋出头，黑棋就能确立优势地位，其手段是什么？

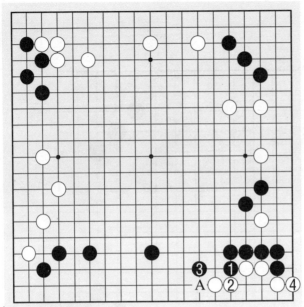

图1 恶手交换

图1 恶手交换

黑1冲与白2挡交换，白棋已自然化解本身缺点，黑1是大恶手。其后黑3封，白4立，白棋已成活形，黑棋不满。而且黑棋A位还透风，会成为黑棋负担。

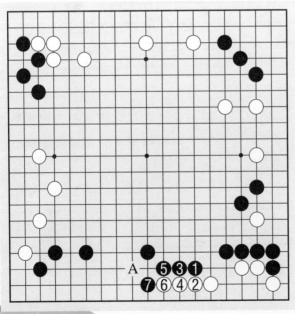

图2 黑棋后手

图2 黑棋后手

黑1飞封，白2、4爬，冲破黑空成活，黑7后手挡，此后A位刺仍有被白棋利用的可能，黑棋不满。

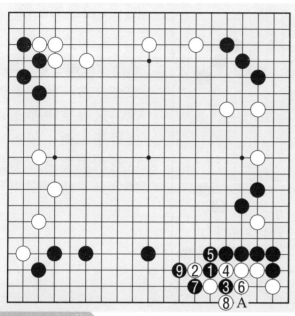

图3　黑棋满意

图3　黑棋满意

黑1尖顶，问白棋的应手是非常有意思的手法。白2扳，黑3扳，是阻止白棋出头的巧妙手段。白4、6打吃黑棋一子，黑棋到黑9时，控制住白棋一子，结果是黑棋满意。白4如先下6位，则黑可于A位分断白棋，白棋不行。

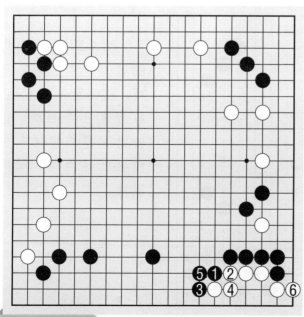

图4　先手封锁

图4　先手封锁

黑1尖顶，白2挤，黑3连扳是这种棋形的对局手法。白4补断点，黑5接，白6立，至此，黑棋已成功地先手封锁白棋。但是对黑1，如果白棋应对正确，情况会完全变样。

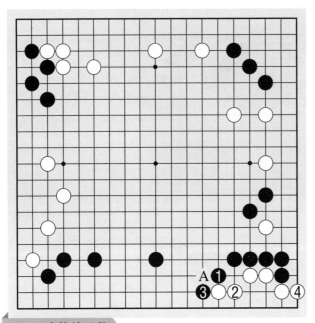

图5　冷静的手段

图5　冷静的手段

黑1尖顶，白2退是冷静的手段。黑3扳住，白4做活是关键，这种结果虽然白棋后手，但由于有可以利用黑棋A位断点的余味，所以白棋可以下。

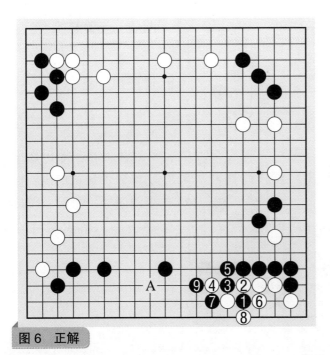

图6　正解

图6　正解

黑1跨是断白棋的要点，白2非断不可，进行至黑9，又还原成图3的形状。这种结果是黑棋冲断白棋并封住白棋，黑棋满意。

问题 9 ▶▶

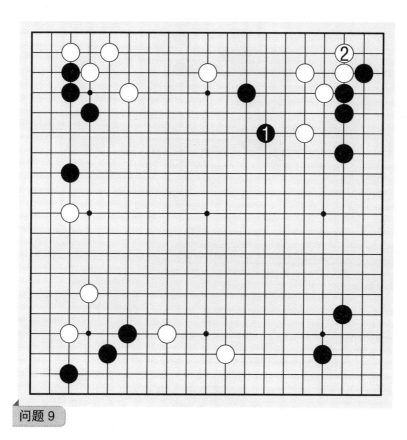

问题 9

　　黑先。黑 1 飞出，白 2 生根，但白棋此手有过急的味道，缺少了重要次序。黑棋应利用白棋的失误封锁中腹，其手段是什么？

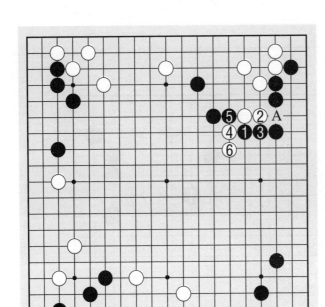

图1 错失急所

图1 错失急所

黑1靠看似是封锁的急所，但白2刺是冷静的好手，黑3接是绝对的应手，白4、6扳断，并有A位冲断的余味，黑棋难受。

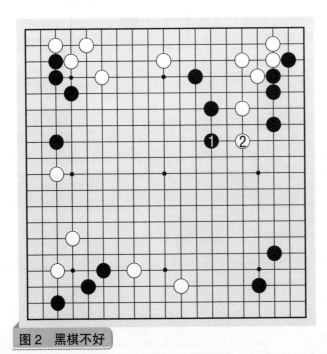

图2 黑棋不好

图2 黑棋不好

黑1单纯地跳，白2也跟着跳，黑棋封不住白棋。黑棋如让白棋这样出头，以后黑棋要想在右边成大空很困难，而且中腹三子的处理也是很苦恼的问题。

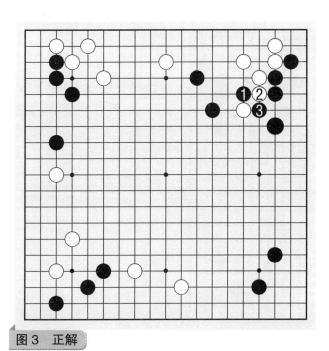

图3　正解

图3　正解

黑1跨是正确的行棋方法。黑棋跨后，白棋无论如何变化，都不好，现在来看看各种变化。

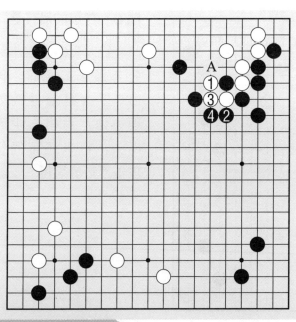

图4　黑棋大获成功

图4　黑棋大获成功

白1打吃，黑2反打，黑4压住白棋而大获成功。其后如果白棋脱先，黑棋在A位滚打白棋是极其严厉的手段。值得注意的是右边黑棋棋形非常理想。

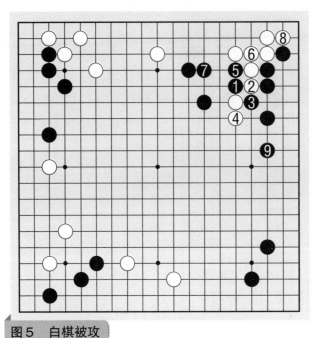

图5 白棋被攻

图5 白棋被攻

黑1、3断，白4长是进行反攻的手段。但是黑5打，黑7整形后，白8不可避免后手补，黑9跳，白棋处于被攻的境地。

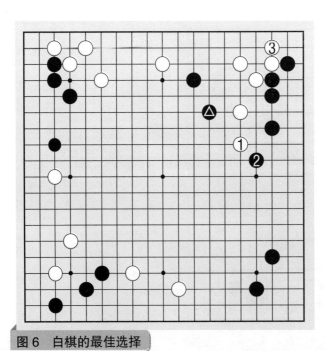

图6 白棋的最佳选择

图6 白棋的最佳选择

针对黑△，白1跳先与黑2交换后，再白3下立是最佳的处理方法，白棋向中腹出头，将来还可伺机攻击上边的黑棋二子。

第5章

方向选择

问题 1 ▶▶

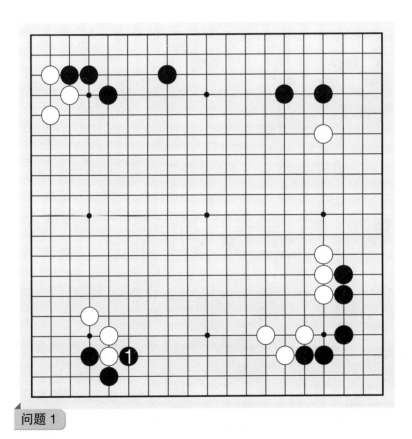

问题 1

　　白先。左下角定式，黑 1 明知道存在两个断点仍强行扳起，此时白棋正确的应对方法是什么？

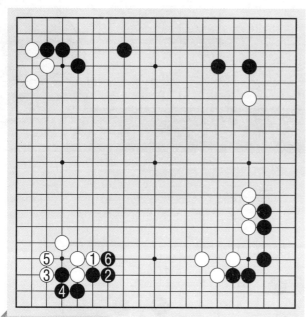

图1　无用的外势

图1　无用的外势

白1压，白3、5在角上定形，黑棋取得了实空。黑6拐，使右边白棋强大的外势无用武之地。白棋不满。白棋应寻求最大限度地利用右侧外势的手段。

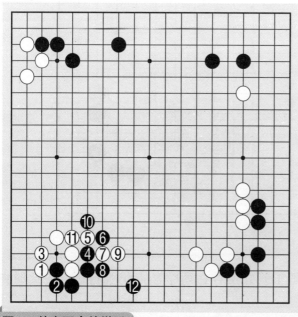

图2　效率不高的棋形

图2　效率不高的棋形

白1靠是重视角上实空的手段。但是黑2接，白3不可避免地补，而被黑4长，白棋不满。白5扳、7断，诱使对方交战，但被黑10先手利用，白棋心情太坏，以下到黑12为止，黑棋已安定。白棋效率不高。

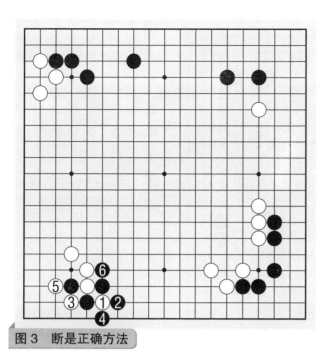

图3 断是正确方法

图3　断是正确方法

白棋应利用黑棋断点，断在一侧。白1断是利用黑棋的断点，整理棋形，重视角上实空的手段。黑2、4以后到白5，白棋已占据了角上实空。但是黑6长，又使右侧白棋外势无用武之地，白棋不满。

图4　迟到的后悔

黑1打吃白棋一子时，白2、4打，以后白6长试图建立右侧白棋外势，但被黑7立守角后，白棋失算。而且Ａ位漏风，这是白棋的负担。其中白4打时，黑5接是本手。

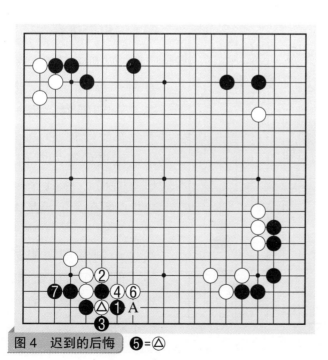

图4　迟到的后悔　❺=△

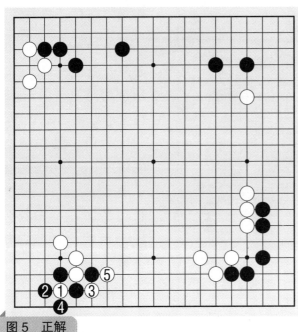

图5　正解

图5　正解

白棋为呼应右侧外势，白1在角上断是正确方向，黑2、4虽然占据了角上的实空，但是白5可以征吃黑棋一子，最大限度地建立白棋的外势。

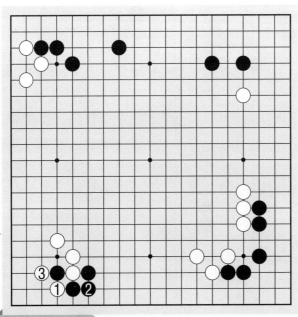

图6　棋形难看

图6　棋形难看

类似这种棋形，有两个断点，当一方在某一侧断时，另一方应马上吃掉这个子，这是围棋的基本常识。白1断时，黑棋不吃白1，而在2位接是大恶手。黑2的目的虽然是牵制右侧白棋外势，但白3守住角后，黑棋形状太重，对黑棋不利。

问题 2 ▶▶

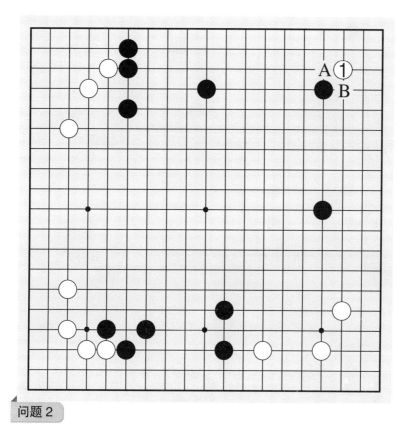

问题 2

黑先。当白棋点三三时，黑棋应该从哪一侧挡？挡的方向不同，结果也不相同。本棋形中 A 和 B 哪个方向正确，在定形之前，请计算一下。

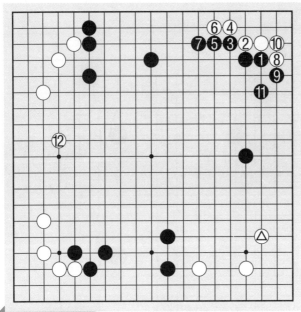

图1　方向错误

图1　方向错误

黑1挡方向错误。从棋的形状上考虑应该更为重视上边。右边由于有白△，黑棋的价值会有所降低。白2以下至黑11为止，白棋先手安定后，白12占大场，显然白棋实空大。

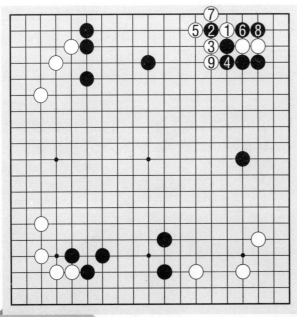

图2　外势分割

图2　外势分割

白1扳时，黑2连扳。白3、5打吃黑棋一子是冷静的手段。黑6、8虽然占据了角上的实空，但白9将左右黑棋外势分断，白棋成功。黑棋虽然获取了一些实空，但在外势交战中大败。

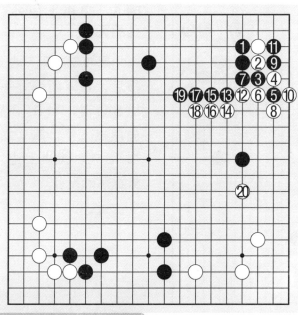

图 3 定式选择上的错误

黑 1 挡重视上边是正确的方向。但是白 4 扳时,黑 5 连扳是过分的手段。黑 9、11 虽能占据角上实空,但以下进展至白 20,右边白棋比上边黑棋外势要好。

图 3 定式选择上的错误

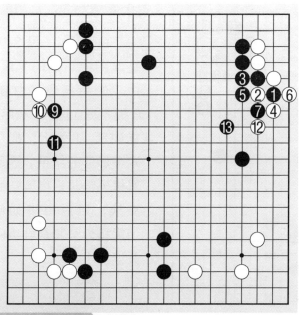

图 4 外势宏大

白 4 打吃时,黑棋为取外势而在黑 5 打吃是正确的,到白 8 为止,黑棋得到先手后,黑 9、11 扩张势力很重要。白 12 时,黑 13 飞,完成宏大的外势。这样与下边黑棋连接,黑棋外势明显。

图 4 外势宏大 ⑧=❶

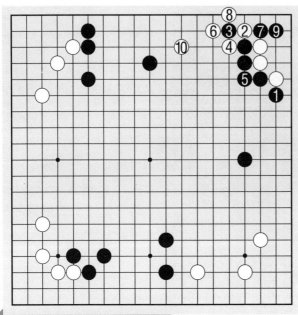

图 5　黑棋上边外势荡然无存

图5　黑棋上边外势荡然无存

黑1连扳，白2扳后，白4断是好手。黑5接时，白6、8提去黑棋一子，黑9立，白10飞，黑棋上边外势已荡然无存。

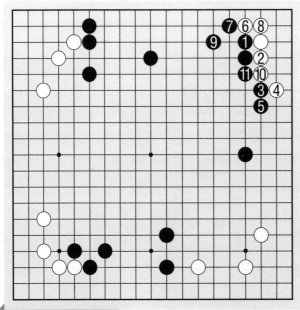

图 6　双方最佳结果

图6　双方最佳结果

白2后，黑3飞是本图中正确的手段。白4先手托后，白6、8扳接是正确的次序。直到黑11为止，都是双方最佳的结果。这是黑棋外势与白棋实空的交换，以后白棋如何消黑棋外势将是胜负的关键。

问题 3 ▶▶

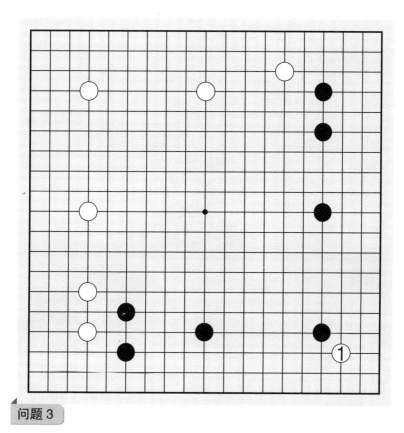

问题 3

黑先。本图是外势对外势的棋形，白 1 点三三是想把局面简明化，黑棋从哪侧堵住白棋很重要，应该根据周围的配置而决定下一步棋。此后双方最好的结果又是什么？

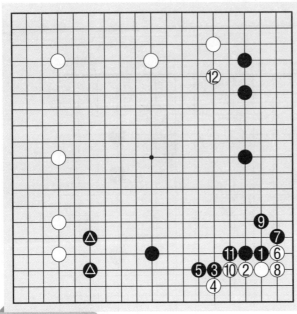

图1　方向错误

图1　方向错误

黑1挡是方向错误。现在在棋子的配置上，黑△单跳价值很大。黑棋应该重视下边，但黑棋却重视右边。至白12，黑棋不满。

图2　空门

由于下边太大，黑1挡是当然的位置。白2很平凡地长，黑3此后都是定式的选择。到黑11为止，由于A位漏风，黑棋不满意。

图3　取外势

白1时，黑2连扳也是可以考虑的手法。其后白3、5、7吃黑棋一子，以下到黑10为止，可以执行一贯的外势作战方案。但是A位仍然价值不大。

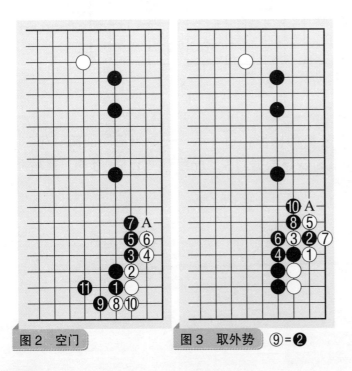

图2　空门　　　　图3　取外势　⑨＝❷

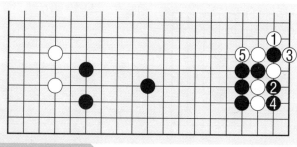

图4 贪小失大

图4 贪小失大

白1时，黑2、4过于追求实利是大败着。到黑4为止，黑棋虽然能得到角地。但是白5是将黑棋外势分割的绝好点，黑棋贪小失大。

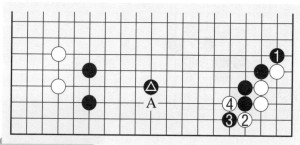

图5 无理连扳

图5 无理连扳

黑1连扳时，白2、4扳断是正确的对策。如黑▲在A位则白2、4不成立。

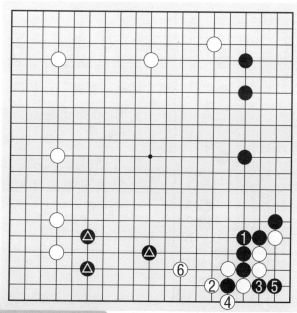

图6 下边被攻破

图6 下边被攻破

黑棋为了防止被双打，而在1位接。此时白2、4打吃黑棋一子是冷静的好手，黑3、5虽能占据角上的实空，但进行到白6为止，黑棋价值极大的下边已被破坏。能使黑▲变成无价值的棋子是白棋最大的自豪。

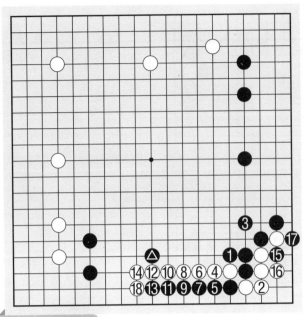

图7　外势消失

图 7　外势消失

黑1、白2时，黑3是黑棋的强硬手段。但是黑5以下必须在二线上爬是无奈的事情，黑15、17虽然能得到角，但白18挡是先手。黑棋贪小失大。

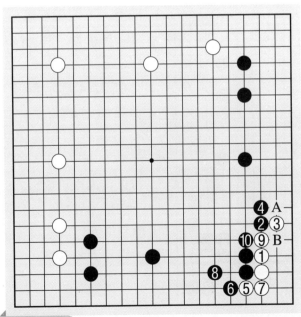

图8　正解

图 8　正解

白1时，黑2飞是最佳的选择。白3托也很重要。此后进行到黑10为止是双方最佳的结果。白棋可以脱先占据其他大场。将来黑A可以先手瞄着B位的断点，而黑棋可保持很厚的外势。

问题 4 ▶▶

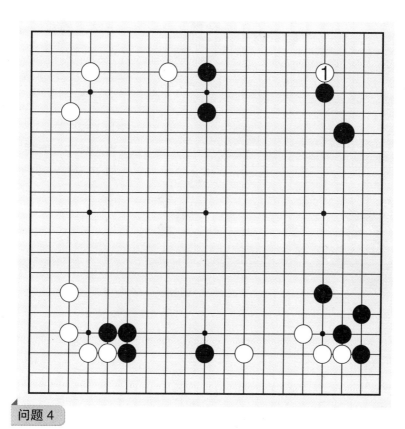

问题 4

黑先。面对上边黑棋，白 1 托是在对方外势强的地方有所作为的常用手法。但是白 1 托的手段会使对方得到加强，黑棋对付白 1 恰当的手段应是什么？

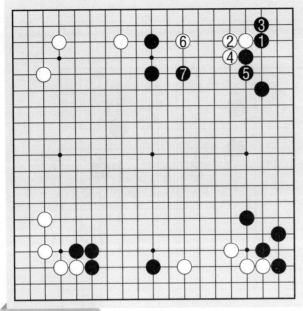

图1 重视实空

图1 重视实空

黑1扳是重视角上实空的对局手段。白2长时，黑3是根地的要点，是攻击白棋不能忽视的要点。白4看似要点，却会使对方加强，而使自己的棋走重，以后进展到黑7时，黑棋好。

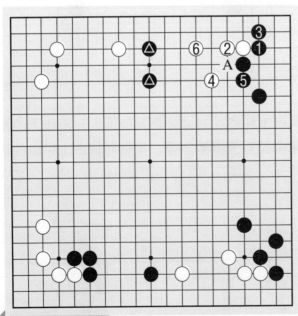

图2 轻灵的手法

图2 轻灵的手法

黑1扳，到黑3为止，是与图1同样的次序，其后白棋不在A位拐而在4位飞是轻灵的手法，在对方势力很强的地方如此处理很重要。黑5长是为防止被对方利用的手段，白6拆，黑△反而受攻。

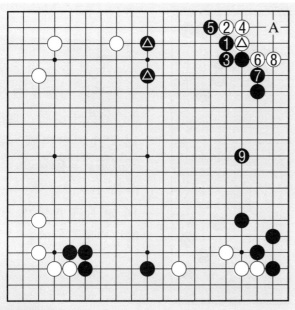

图3 正解

图3 正解

黑1扳，取外势是正确的。白2反扳，黑3接是冷静的手法。白4接时，黑5挡，以下到黑9为止时，黑棋与黑△形成呼应，黑棋形成了很厚的外势，此后黑仍有在A位点的余味。

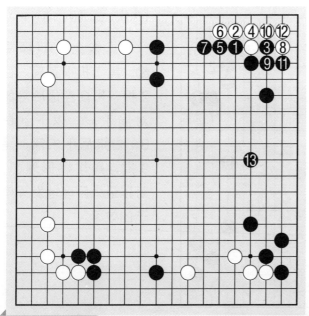

图4 其他手法

图4 其他手法

白2扳时，黑3打吃，白4接，黑5长的手段也是可能的，这仍然是取外势的作战。以下至白12为止，都是双方最好的进行。其中白8是很重要的手段，黑9接是正确的手法，黑棋得到先手后，黑13拆，黑棋显示出很大的外势。

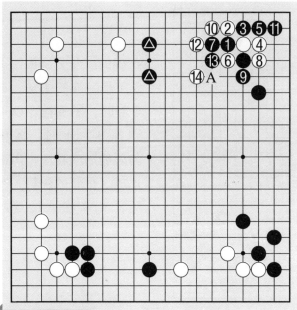

图5　弃子战法

图5　弃子战法

白2时，黑3打，黑5长是重视角上实空的手段。但是白6、8得到先手以后，到白14为止，白棋施行弃子战法，黑⚫受攻，黑棋贪小失大。其中白14如下在A位滚打，黑棋也是不行的。

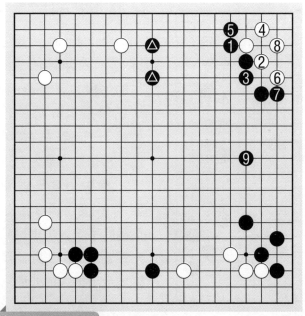

图6　黑效率高

图6　黑效率高

黑棋为了照顾黑⚫，黑1扳很正确。白2扳，黑3连是冷静的对局手段。以下到白8，白棋后手求活。黑9拆，黑棋棋形理想，可以最大限度地发挥棋子的效率。

问题5 ▶▶

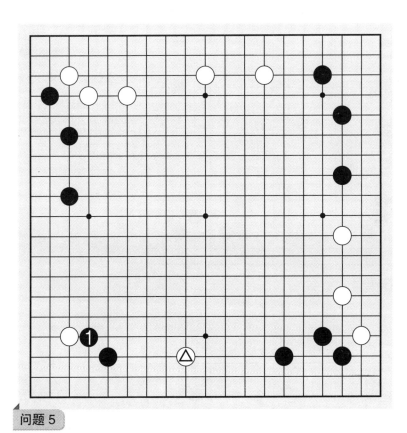

问题5

白先。图中全盘被双方基本划分完毕，左下角的交锋已成为很重要的问题。黑棋的意图是通过尖顶来加强自身，攻击白△一子，白棋如何才能不让黑棋达到目的，并且能处理角地？其正确的方法是什么？

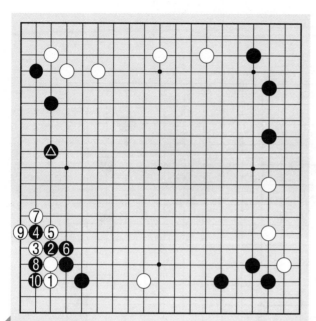

图1 取外势

图1 取外势

白1下立是取外势的手法。其后黑2扳头是当然的急所，白3扳，黑4连扳，白5打，至黑10的进行都是必然的次序。黑棋获取实空，白棋所取得的外势由于受到黑▲的限制，而价值不大。

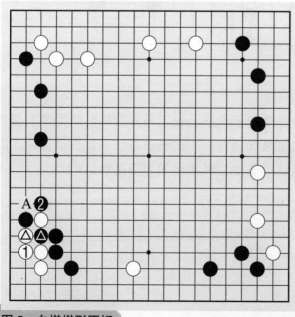

图2 白棋棋形不好

图2 白棋棋形不好

白棋不在A位打吃黑棋，而在1位接是大恶手。黑2征吃白棋一子，并将白棋的出路全部封锁，而角上白棋仍未活净。结论是黑▲后，白▲扳的结果不尽如人意。

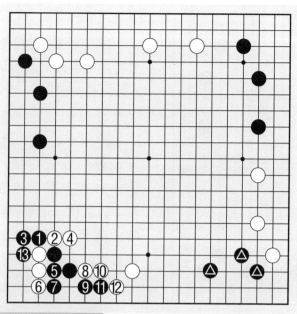

图3 局部和全局

图3 局部和全局

黑1扳后，白2断是当然的手段。以下到黑13为止，都是可以预想的进程，黑棋获取了角上的实地，白棋也得到了很厚的外势，局部来说仍然可下。但是由于黑▲限制了白棋外势的发展，从全局来看白棋不满。

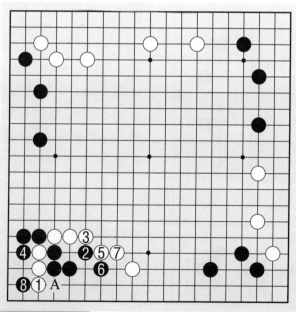

图4 更加有利

图4 更加有利

白1下立时，黑棋不在A位挡，而是先黑2、白3交换一手，再黑4拐是好手。白5扳，黑6得到先手后，黑8靠准备吃白棋三子很重要。与图3相比，黑棋占据了更大的角地，白棋的外势也并不很坚固。

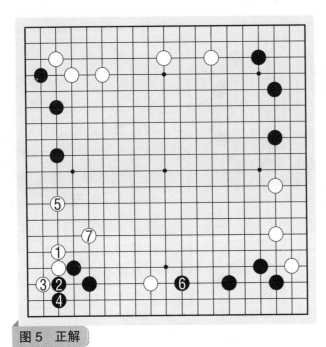

图5 正解

图5 正解

白1长是重视边上利益的手段。其后黑2扳，白3连扳，黑4立是形成眼位不可缺少的一手棋，白5拆，黑6匆忙攻击白棋一子，白7飞不仅准备和下边白棋一子取得呼应，而且也是扩张左边的绝好点。

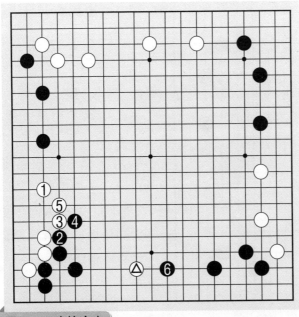

图6 正确的次序

图6 正确的次序

白1拆二后，黑2长至白5都是局部定形的手段。白棋在左边取得了很坚固的实地。黑棋以外势为后援，在6位夹攻白棋完全可以挽回损失。但白△一子仍有可能逃出，白棋也应无不满。

问题 6 ▶▶

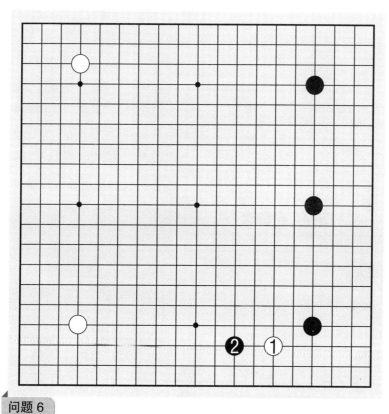

问题 6

　　白先。白 1 飞挂时，黑 2 夹攻白 1，由于右边黑棋是三连星布局，黑作战有利。面对黑 2 的夹攻，白棋应选择什么样的手段？如何下才是最恰当的方法？

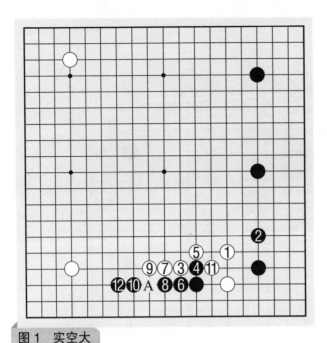

图1 实空大

图1 实空大

白1跳期待黑2后，白3攻击黑棋一子。但是到黑10为止，黑棋利用白棋模样上缺陷，首先占据实空，白棋失算。黑10后，白11只能补自己的弱点，而黑12也是预先防备A位弱点的要领。

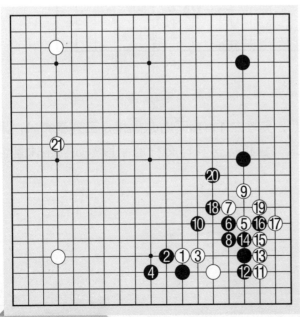

图2 外势与实空

图2 外势与实空

白1压是准备在5位形成双飞燕的手段。黑6压，以下至黑20的进程很快。白棋得到不少实空，黑棋也取得了很厚的外势，双方都无不满。白棋得到先手后白21占大场是牵制黑棋外势的手段。

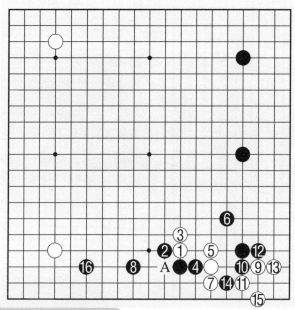

图3 定式化的次序

图3 定式化的次序

黑2扳时，白3长，黑4先手利用是次序。白7是准备在A位断和点三三的好手，黑8补断点，以下到黑16是定式化的次序，在实战中经常出现。

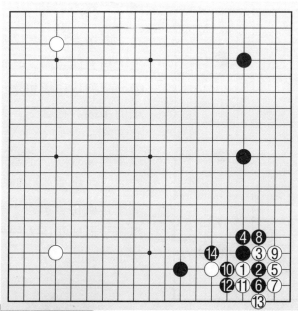

图4 黑棋满足

图4 黑棋满足

白1托，白3断是诱导黑棋混乱的手段。但是白3后，黑4长是沉着的好手，白5打，黑6长，直至黑14，黑棋已像铁壁一样牢固，黑棋非常满足。

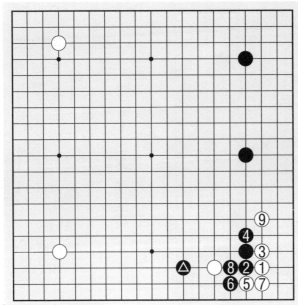

图5　外势崩溃

图5　外势崩溃

对方夹攻时，最简单的方法就是点三三。白1点角，黑2挡，至白9，白棋已占据角上的大块实空，而黑棋由于黑△外势幅度受到限制。这种结果与下成三连星的初衷背道而驰。

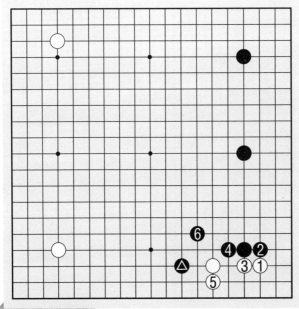

图6　双方满足

图6　双方满足

白1点角，黑2从上边挡方向正确，与黑△一起夹攻白棋也是预定的手段。白3后，黑4是不可忽视的要点。以下到黑6飞，是基本定式。白棋先手获取了实空，应相当满意。黑棋由于形成了巨大的外势也应满足。

曹薰铉、李昌镐精讲围棋系列

第五辑

精讲围棋对局技巧.基本技巧

精讲围棋对局技巧.接触战

精讲围棋对局技巧.实战对攻

第六辑

精讲围棋中盘技巧.打入与侵消

精讲围棋中盘技巧.攻击

精讲围棋中盘技巧.试应手

第七辑

精讲围棋手筋.1

精讲围棋手筋.2

精讲围棋手筋.3

精讲围棋手筋.4

精讲围棋手筋.5

精讲围棋手筋.6

第八辑

精讲围棋死活.1

精讲围棋死活.2

精讲围棋死活.3

精讲围棋死活.4

精讲围棋死活.5

精讲围棋死活.6